Toutes mes fleurs et mes épines!

Mon ultime recueil de chants et de poésie

Ce livre reprend la totalité des textes publiés en 2016 et 2017 chez l'éditeur **BoD** dans trois recueils :

> *Des fleurs et des épines*
> *Encore des fleurs et des épines*
> *Encore plus de fleurs et d'épines*

Dans la présente édition de ce livre, près d'une trentaine de textes sont inédits.

Luc A. Granger

Toutes mes fleurs et mes épines!

Mon ultime recueil de chants et de poésie

© 2018 Luc A. Granger (Éditions du Ch'min Hemming)

Edition : BoD – Books on Demand
12/14 rond-point des Champs Elysées
75008 Paris

Imprimé par BoD – Books on Demand, Norderstedt
ISBN : 9782322161591

Dépôt légal : Septembre 2018

Je dédie ce livre à tous ceux et à toutes celles
Qui aiment les fleurs de la Vie
Et que ses épines ne rebutent pas…

Recueil no 1

Des fleurs et des épines
Un recueil de chants et de poésie
Textes inédits

Relève-toi!	page 29
Dormez-vous?	page 29
Ma dernière chanson	page 30
Bizarroïde	page 42
Ode pour le 80e anniversaire…	
…d'Hélène Granger	page 55
Tout peut (-il encore) changer (?)	page 69
Ne me dis surtout pas	page 73
Jean-Pierre Ferland	page 74
Cruelle Énéra (NRA)	page 74
La mère de toutes les bombes?	page 75
Pouvoirs	page 76
Un autre printemps!	page 83
Une chanson triste	page 83

© 2016 Luc A. Granger (Éditions du Ch'min Hemming)

Edition : BoD - Books on Demand
12/14 rond-point des Champs Elysées
75008 Paris

Imprimé par BoD – Books on Demand, Norderstedt
ISBN : 978-2-3221-1497-9
Dépôt légal : Novembre 2016 (Pour la première édition)

Merci à ma conjointe Monique, ma muse pour les chants et les poèmes d'amour : «*C'est à toi que je pensais quand je les écrivais!*»

Une pensée émue pour les membres de ma famille, vivants ou décédés, qui m'ont inspiré le chapitre «*Famille*» du présent recueil.

Merci au reste du monde pour m'avoir inspiré les autres chants et poèmes et, aussi, pour les efforts que ce même monde fera, espérons-le, pour s'améliorer un tant soit peu!

Merci Jean Pierre Desgagné, mon ami, pour ton aide précieuse qui m'a permis de me tracer un sentier à travers la brousse dense et épineuse du monde de l'autoédition.

TABLE DES MATIÈRES

POÉSIE

Ô poésie!	page 11
Le poète a des vers	page 12
À quoi ça rime!	page 13
Alexandrin	page 14
Je parle une langue belle	page 15

L'AMOUR

Je t'aimais déjà!	page 16
Belle-de-jour, Belle-de-nuit	page 17
Cette chanson d'amour	page 18
Imagine un instant	page 19
Je rêve aux étoiles	page 20
Des ailes pour elle	page 21
Notre roman d'amour	page 22
La plus belle est celle qu'on aime	page 23
Papillon	page 24
Creo que la quiero	page 24
Amour tropical	page 25
L'étoile bleue	page 26

VIVRE – SOUFF 🎭 RIRE – MOURIR

Vivre!	page 27
Je te tendrai les bras	page 28
Tes yeux	page 31
Je meurs ma vie	page 33
Sur mon bateau	page 34
Moi, je te croyais!	page 35
Mirage	page 36
Je te tiens la main	page 37

MOI

Je me sentais si seul	page 39
Pas d'excuses!	page 40
Dans ma vie...	page 41
Une montagne sur mon chemin	page 43
Qu'as-tu fait de ta vie?	page 44
*Let it B*eatles!	page 44

MA FAMILLE

L'ancêtre acadien	page 45
Ma chanson est une émotion	page 46
Je me souviendrai de toi... Maman!	page 47
Le blues du ch'min Hemming	page 49
Ô musique!	page 51
Mes trois perles	page 52
Je t'ai perdu mon frère	page 53
Gabrielle	page 55
Tu es si petite Lilia	page 57
Petit Samy (Puis il y a toi...)	page 58
Petit Jackson	page 59

LE MONDE : (UN) PEU D'ESPOIR?

Ça, je le sais!	page 61
L'enfant qui dort sur la plage	page 62
Des riches et des pauvres	page 63
Ne m'oublie jamais!	page 64
À qui la faute?	page 65
Le temps qu'il fait sur Terre	page 66
Intersidéré!	page 68
Ma vie en Syrim	page 70
Si la nuit de Noël	page 71
L'intelligence	page 71
Le bonheur	page 72
I am dreaming	page 78
Everlasting nights in white satin	page 79
C'est ça la vie!	page 80

DES FLEURS ET DES ÉPINES – FINALE

Hallelujah!	page 81
Où est l'amour?	page 81
BONUS - Poèmes des 3 couvertures de dos	page 82

Ce recueil? Quelque septante chants et poèmes
Mon souhait? Qu'il s'en trouve au moins un que tu aimes!»

Luc A. Granger

POÉSIE

Ô Poésie! (Février 2011)

Ô Poésie! Ta rime effarouche
Ton abord est exigeant, tu fais peur
Tu ressembles au chêne dont la souche
Au fil des ans, prit une telle ampleur
Que nul ne put plus, pleinement, **l'enlacer**

Jeune pousse emplie d'élans mystiques
Tu glorifias le Roi, ses faits d'armes
Et son Dieu, dont les bienfaits magiques
Ont rallié maint barbare à Ses charmes
Par la Force et l'Amour, vaincu, **lassé**

Jeune arbrisseau, tu fus courtisane
Chantas l'Amour, la Vertu aux Nations
Des troubadours, te fis une canne
Tu devins éveilleuse de passions
Nectar des fols amants, **entrelacés**

Arbre mûr, tes doux fruits furent cueillis
Ère faste que celle-là : l'Élysée
De ta gloire, émerveillé, t'accueillit
Œuvres immenses t'ont immortalisée
Tu as rassasié les hommes, **délassés**

Chêne vieillissant, souviens-toi encor
De ces temps où tu menais la ronde
Où est la sève dont vivait ton corps?
Ô Poésie! Quittes-tu ce monde
Rongée par tes propres vers, **déclassée**?

Le poète a des vers (Janvier 2016)

Le poète a des vers plein la tête :
Vers gras, vers ronds, vers rubanés
Ils se bousculent et font la fête
Attendant de se pavaner
Dans une strophe ou une rime
Peu leur importe ce qu'elle est :
Pauvre, riche, plate ou sublime
En autant qu'un poème naît!
Oui, les vers honnissent la prose
Qui sent et goûte l'hérésie
Pour eux, la question est fin-close :
Rien n'est mieux que la poésie!

Les vers vivent dans son cerveau
Formant lacis de lacets flasques
Le poète sait comme il faut
Fouiller ce fouillis sous son casque
L'aède futé, pour son ode
N'a qu'à plonger la main, choisir :
Ici, il prend un vers apode
Qui remplit son rôle à loisir
Là, saisit un vers solitaire
Qui dépeint tristesse et émoi
Vers célestes, ou vers de terre
Un poète a ses vers à soi!

(SUITE…)

Oui, pour toutes couleurs et formes
Pour toutes images, desseins
Les vers sont là, enfouis, informes
Luisants, grouillant comme un essaim :
Larve, sangsue, tænia, lombric
Le bon vers fait la bonne phrase
Choisir celui qui tombe à pic
Met son poète en grand-extase
Je le dis, mieux, je le répète :
Pour le rimeur, rien n'est inné
Lors qu'il suffit, au grand poète
De se tirer les vers du nez!

À quoi ça rime! (Mai 2015)

Festival international de poésie de Trois-Rivières : plaidoyer pour un concours de poésie offrant des bourses égales aux aînés comme aux aînées.

Deux jurys, à l'aveugle, se sont prononcés
En deux mille quatorze et en deux mille treize* :
Victoires de vingt femmes, ils ont annoncée
Yeux scellés, d'aucun homme, ils n'ont vu la fraise!

Faux! Leurs votes en ont sauvé un, un «oublié»
Un cas spécial, un spécimen, toute une affaire!
Sur les listes des lauréats publiées
Il ressort tout comme un sacre que l'on profère!

C'est, à n'en pas douter, le seul fait du hasard
Qui dicte cette fâcheuse quasi-absence
Dans les deux listes, et qui m'a rendu hagard
Et dubitatif du concours dans son essence

(SUITE...)

Quand un seul gagnant sur vingt est poète-gars
Ne peut-on douter de la muse masculine?
Laisserez-vous se perpétuer un tel dégât
Le frisottis devenir vague, puis maline?

Ces dégâts, ce sont dommages collatéraux
Causés par multiples raisons, bonnes et mauvaises
L'aède mâle, n'y voyant point de héros
Se dit : «*À quoi ça rime?*» et change de chaise!

Au tennis, pour justifier bourses inégales
On a dit femmes moins fortes, moins endurantes
Dans la fable, on les eut dites plus cigales
Que fourmis : moins payées, car beaucoup moins payantes!

Devrions-nous, comme les femmes au tennis
Revendiquer fort notre juste part des bourses
Pour qu'un poème qui montre un bout de pénis
Aie quelque chance dans chacune de ces courses?

Allons-nous, poètes-hommes, renier phallus?
Ou user du subterfuge d'ex-écrivaines :
Sous un pseudonyme, publier notre opus
Et ainsi, tenter de contrer notre déveine?

Ce n'était pas bon pour les femmes, autrefois
Elles ressentaient là comme une hérésie
À notre tour, aînés-poètes, cette fois :
Clamons l'équité en matière de poésie!

* 2015, 2016 et 2017 n'ont pas été meilleures pour les poètes-aînés de sexe masculin

Alexandrin (Septembre 2016)

Est-ce vraiment pur hasard si le mot poème
Est plénitude avec ces simples mots : je t'aime?

Je parle une Langue belle (Septembre 2016)

Je parle Langue de France soufflée par vents
Vers le Nouveau-Monde, ses côtes et ses bancs
Avec parlures nouvelles, autres accents
Avec mots inventés pour dire nouveau temps
Je parle une Langue belle comme le pays
Une Langue de terres, d'eaux et de forêts
C'est le parler maternel, legs tout fait exprès
Pour fortifier mon cœur, assurer ma survie
Pour chanter mes amours, mon labeur et ma vie!

Oui, je parle Langue forgée par vents changeants
Douce comme brise, forte comme ouragan
Vents légers, caressants, dociles et servants
Puis vents à marées, durs, traîtres et arrogants
Ici, moulant grain du meunier, séchant blés d'or
Gonflant la voile, poussant la nef à bon port
Là, brisant, néantisant tout sur leur passage
Que cent prières peinent à calmer la rage
Ah! Qu'on ne s'avise pas de La mettre en cage!

Je parle Langue ballotée par basses vagues
Secouée, trahie, condamnée, mais toujours vivante!
Transmise comme l'est la plus précieuse bague
De la première génération aux suivantes
Je parle Langue belle comme son drapeau
Croix blanche sur fond bleu-roi et ses fleurs-de-lyse
Ondulant hardiment sur terres et sur eaux
Flottant, libre, sur siennes landes indivises
Clamant haut et fort : *Je me souviens!* Sa devise!

L'AMOUR

Je t'aimais déjà! (Avril 2013)
Ma toute première chanson d'amour! Pour Monique!

C'est toi que je voulais
C'est toi que je désirais
Et te voilà devant moi
Au café Caloca
Je t'aimais déjà!

Tous les soirs, on se voyait
Tous les soirs, on écoutait
À la radio, les troubadours
Qui chantaient nos amours
Je t'aimais déjà!

Trop vite, je te bousculais
Et toi... tu hésitais
Chacun rentra chez soi
Est-ce qu'on se reverra
Qui vivra verra...

Un instant, j'ai cru te perdre
Le temps s'est arrêté
Caloca, cinéma
Métaxa, aréna...
Qu'est-ce qui ne va pas?

J'ai passé une nuit blanche
À tenter de trouver
Les mots que tu voulais entendre
«Fais-moi confiance!»
Reviens-moi!

C'est toi que je voulais
C'est toi que je désirais   (SUITE...)

Te revoilà devant moi
Au restaurant La Casa
Je t'aimais déjà!

Te revoilà dans mes bras
Je te le redis chaque fois
Je t'aimais déjà...
Je t'aime!

Belle-de-jour, Belle-de-nuit (Avril 2013)

J'ai deux fleurs dans mon jardin
C'est moi l'heureux jardinier
Fleur du soir, Fleur du matin
Les deux sont ma préférée
Car ces fleurs ne sont qu'une
Fleur de soleil et Fleur de lune
Ces deux fleurs... c'est toi!

Quand le soleil dit bonjour
Qu'il nous fait ses mamours
Comme tu sens bon l'amour
Tu es ma Belle-de-jour
Quand la journée s'enfuit
Que la lune entreluit
Un autre arôme te suit
Tu es ma Belle-de-nuit

Tu fleuris au soleil, tu fleuris à la lune
Tu es belle au réveil, tu es belle à la brune
Radieuse le jour et passionnée la nuit
Belle-de-jour, Belle-de-nuit
Mes deux fleurs, mon amour
Je t'aimerai toujours!

Cette chanson d'amour (Juin 2014)

J'ai fait cette chanson d'amour
Pour qu'on se rappelle de nous
Elle vaut bien un long discours
Ou une prière à genoux

Ma chanson tient à quelques mots
Semés le long de notre vie
Ils en ont apaisé les maux
Qui ont surgi sans préavis

Ma chanson dit de simples choses
Des mots, des gestes au quotidien
Blessures d'épines de roses
À leur parfum, guérissent bien

Et ces mots jamais démodés
Que se confient les amoureux
Ne se sont jamais érodés
Malgré nos temps gris et pluvieux

Les voici donc ces mots si doux
Que je t'ai chantés si souvent
«Je t'aime, te quiero, I love you!»
Inconditionnellement!

Que ceux qui n'ont jamais aimé
Puissent y trouver l'inspiration
Et le fol espoir d'enflammer
L'inimaginable passion

Que ceux qui n'y croient plus du tout
En fredonnent au moins le refrain
Peut-être reprendront-ils le goût
De vivre jusqu'au lendemain…

Imagine un instant (Novembre 2013)

Imagine un instant un ruisseau
Qui se croit Saint-Laurent
Imagine un instant une goutte d'eau
Qui se croit l'océan

Imagine un instant un bout de bois
Soulevant un gratte-ciel
Imagine un instant un ver à soie
Tissant un arc-en-ciel

Imagine un instant un petit oiseau
Se voit paon le plus beau
Imagine un instant un sentier
Autoroute en chantier

Imagine un instant un grain de sable
Gros comme une planète
Imagine un instant un brin de câble
Guidant une comète

Imagine un instant l'amour que j'ai pour toi
Il veut être le plus beau, le plus grand, le plus fort
Quand il se trouve seul, il pleure sur son sort
Mais quand il te voit, mais quand il te voit
Si petit qu'il soit... Il rêve de toi

Imagine un instant une fenêtre
Ouvrant sur l'univers
Imagine un instant un tout petit être
Qui n'a pas de frontière

(SUITE...)

Imagine un instant un printemps
Que des fleurs dans les champs!
Imagine un instant un bel été
Rêvant d'éternité...

Un roseau peut se croire un chêne
Une cloche, un carillon
La nymphe libre de ses chaînes
Devient, elle, un papillon
Si la fourmi lève une tonne
Et rapporte tout à sa reine
Cet air que je te chantonne
Comme il en aura valu la peine!

Imagine un instant l'amour que j'ai pour toi
Il veut être le plus beau, le plus grand, le plus fort
Quand il se trouve seul, il pleure sur son sort
Mais quand il te voit, mais quand il te voit
Si petit qu'il soit ... Il rêve de toi...
Je rêve de toi!

Je rêve aux étoiles (Septembre 2016)

Cette nuit, je rêve aux étoiles
Scrutant l'espace qui se voile
Dans mon vaisseau battant de l'aile
Mon cœur ardent bat pour ma belle
À plus de dix années-lumière
Où cent mille étoiles constellent
Malgré les tempêtes stellaires
Je me sens un peu plus près d'elle!

(SUITE...)

Poussières dansent nébuleuses
Valsent Pollux et Bételgeuse
Comment, au travers de ce voile
Te reconnaître, mon étoile?
À genoux, j'implore les dieux :
«Chassez les larmes de mes yeux!»
Que je retrouve le chemin
Ah! Sentir le doux de ta main!

L'espace-temps où tu te caches
Est fait de rocs qui se détachent
Formant cheveux d'une comète
Que j'aperçois de ma navette
Tes yeux sont comme des trous noirs
Où j'imploserais tous les soirs
Je veux être ton satellite
Ta fidèle météorite

Cette nuit, je rêve aux étoiles
Scrutant l'espace qui se voile
Dans mon vaisseau battant de l'aile
J'ai le cœur qui bat pour ma belle
Sur mon radar qui me les montre
Toi seule vins à ma rencontre
J'ai vaincu l'espace et le temps
Pour toi, étoile que j'aime tant!

Des ailes pour elle (Avril 2013)

Tout en haut, la vue est superbe
Cet endroit, c'est le paradis
Je l'attends, là, couché sur l'herbe
Et chaque jour, je le redis :

Quand je grimpe, il me pousse des ailes
Si je peux monter si haut, c'est pour elle!

Notre roman d'amour (Avril 2013)

Lui

Quand tu me vois chanter
Ce beau refrain d'amour
Je peux regarder autour
Tu sais qu'il t'est destiné
Quand je chante à une femme
Ces mots si doux *«je t'aime»*
Tu le sais en toi-même
Tu es ma seule flamme

Elle

Quand tu me vois chanter
Ce beau refrain d'amour
Je peux regarder autour
Tu sais qu'il t'est destiné
Quand je chante à un homme
Ces mots si doux *«je t'aime»*
Tu sais que dans mon poème
C'est toi que je nomme

Elle et lui

Nos deux voix font l'amour sur la scène
Nos yeux se regardent à l'unisson
Amour et passion sont roi et reine
Dans notre vie, dans notre chanson

Nous avons la chance d'être ensemble
Hier, aujourd'hui, et pour toujours
Les yeux dans les yeux, comme il nous semble
Que la vie est un roman d'amour
Notre vie est un roman d'amour!

La plus belle est celle qu'on aime (Avril 2015)

Nos yeux ne voient que belles choses
Car on ne sent plus les épines
Elle les a enlevées des roses
En les touchant de sa main fine

Elle a cheveux comme des vagues
Dans lesquelles on plonge la main
Cachant dans l'autre une bague
Qu'on lui offrira dès demain

Oreilles n'ouissent que musique
De sa bouche troubadour
On croirait un vent de tropiques
Quand il en sort des mots d'amour

Elle a joues couleur de pétales
Elle rougit en ce moment
Belle à en perdre les pédales
On croirait presque au firmament

Ses yeux sont comme braises chaudes
Son regard transperce le cœur
Et quand sa main sur lui maraude
Le chat ronronne de bonheur ♪

Comme elle a belle silhouette
Elle se meut comme déesse
Donne tout ce que l'on souhaite :
Vivre l'éternelle jeunesse

La plus belle est celle qu'on aime
Oui, la plus belle est celle qu'on aime
Plus que le plus beau diadème
Plus que le plus joli poème

On se ment un peu à soi-même
Quand on vit un amour suprême
Mais on n'en démord pas quand même
La plus belle est celle qu'on aime

On se ment un peu à soi-même
Quand on vit un amour suprême
Moi, je n'en démords pas quand même
La plus belle est celle que j'aime!

Papillon (Avril 2016)

On dit du papillon qu'il est volage
Parce qu'il butine de fleur en fleur
Incapable de se fixer vraiment
Moi, je suis d'une variété plus sage :
Depuis que j'ai trouvé mon âme sœur
Je suis collé à son cœur tout le temps!

Creo que la quiero (Abril 2013)
Una canción de amor para mi amor

Creo que la quiero, que la quiero
Creo que ella quiere me también
Creo ¡oh sí! creo que la quiero
Cuando la veo me siento tan bien

Ella es como la más bella flor
Soy hechizando por su olor
Mis ojos llenos de su color
No la ven que como mi amor

Una estrella del cielo nocturno
Una guía a lo largo de mi camino
De todos los soles el más brilloso
De que cada rayo es un brazo

Creo que la quiero, que la quiero
Creo que ella quiere me también
Creo ¡oh sí! creo que la quiero
No creo – ¡estoy seguro más bien!

Amour tropical (Septembre 2014)

Ah! Je me sentais si bien dans tes bras
Que je m'imaginais dans de beaux draps
Notre lit serait la plus longue plage
Notre vie, le plus fascinant voyage

Oui, je rêvais d'un amour tropical
Entremêlant rythmique et musical
Et je me faisais tout un scénario :
Toi et moi, sur les chaudes plages de Rio

Je voyais bien nos deux corps enlacés
Et nos lignes de vies toute tracées
Elles nous mèneraient droit vers le Sud
Très, très loin de ces hivers trop rudes

Toi, ma Juliette et moi, ton Roméo
Nous serions maîtres de la météo
Où nous irions, il ferait chaud soleil
Que ce soit Cancun, Madrid ou Marseille

Oui, notre vie serait douce croisière
Comme imaginée par une romancière
Et si notre vie faisait des jaloux
Eh bien! Qu'ils fassent comme nous!

L'oreille collée sur un coquillage
Ramassé dans le sable de la plage
Nous ressentirions comme un grand frisson
Étonnés d'entendre notre chanson

(SUITE...)

Nous n'aurions pas besoin de mojito
Pour vivre heureux sur notre grand bateau
Ivres d'amour, on nous croirait fadas
Sans rhum blanc et sans piña colada

Et même si nous devions revenir
Rien ne pourrait rayer nos souvenirs
La neige se muerait en sable blanc
Et le vent, en chaud sirocco troublant

Notre voyage à deux – Veux-tu l'essayer?
Une vie d'amoureux – À l'ombre des palmiers
Que des jours heureux – Bercés par la mer
Notre voyage à deux - Rêve ou chimère?

Notre voyage à deux – Moi, j'y crois!
Vivre sous un ciel bleu – Pourquoi pas?
Chauffés par un soleil de feu – Toi et moi
Unis pour toujours
Dans ce long voyage d'amour...

L'étoile bleue (Novembre 2015)

Ô! Belle étoile bleue
Nous voilà et t'enfuis
À bord, rien que nous deux
Sous les doux ciels de nuit

Sur notre étoile bleue
Où se fait notre nid
Naissent le merveilleux
Et la beauté infinie ♩

Blottis sur cette étoile
Bien sûr la plus jolie
L'amour nous y dévoile
Tout un monde qui luit

Sous le ciel constellé
Recouvrant notre amour
Jurons-nous aux levers
Un bonheur, chaque jour

VIVRE – SOUFF 🎭 RIRE – MOURIR

Vivre! (Avril 2013)

Pleurer ce qu'il y a eu avant
Marcher toujours la tête en bas
Craindre ce qui s'en vient devant
Qu'on te coupe les vivres
Et à chacun de tes pas
Avoir peur du trépas
On n'appelle pas ça vivre...

Faire pour ne plaire qu'aux autres
Et ne pas réaliser tes rêves
N'écouter que les mauvais apôtres
Qui prônent dans leurs livres
Que depuis Adam et Ève
On naît, on marche, on crève
On n'appelle pas ça vivre...

Vivre, c'est ne pas avoir peur
De demain, ni même de la mort
Vivre, c'est écouter ton cœur
Comme un modèle à suivre
Qui te mène à bon port
C'est aimer tout si fort
Voilà ce que c'est vivre!

Vivre, c'est aller jusqu'au bout
Vivre, c'est faire ce qui te plaît
Vivre, tout comme un risque-tout
Que les passions enivrent
C'est bien pour ça qu'on naît
C'est bien pour ça qu'on est
Voilà ce que c'est vivre!
Vivre!

Je te tendrai les bras (Avril 2013)

Je te tendrai les bras avec amour, avec tendresse
Je te tendrai les bras, une parole, une caresse
Si ça ne suffit pas, si ça ne suffit pas...

Je te prendrai dans mes bras, tête posée sur mon épaule
Je te prendrai dans mes bras, pour pleurer comme un saule
Si ça ne suffit pas, si ça ne suffit pas...

Tu iras vivre ailleurs où tu trouveras l'amour
La joie, et puis les pleurs car rien ne dure toujours
Mais si tu n'en peux plus, si tu n'en peux plus...

Tu reviendras chez moi me conter tes déboires
Tu reviendras chez moi, il y aura quelque chose à boire
Oui, tu viendras chez moi, je serai là pour toi
Tu viendras chez moi, pour te reposer
Et tout oublier...

Tu reviendras chez moi quand tes amours seront mortes
Tu reviendras chez moi, je serai devant ma porte
Je te tendrai les bras pour la ixième fois

Je te tendrai les bras avec amour, avec tendresse
Je te tendrai les bras, une parole, une caresse
Mais je sais, cela ne suffira pas
Car, demain encore, tu t'en iras

Après si tu t'en vas, je te regarderai partir
Après si tu t'en vas, à mon tour de souffrir
Mais ça ne paraîtra pas
Non, ça ne paraîtra pas!

Relève-toi (Inédit - Juin 2017)

Un arc-en-ciel plane au-dessus de ta vie
Ça signifie que l'orage est fini
Relève-toi - relève-toi

Car toi aussi, tu as droit au bonheur
Loin de la peine, du mal et de la peur
Relève-toi - relève-toi

**Car le bonheur ici bas
Oui, moi j'y crois
Et s'il y en a pour moi
Il y en a pour toi**

Tu n'as pas le droit de tout abandonner
Tu n'as pas le droit de nous abandonner
Relève-toi - relève-toi

Ne laisse plus tes démons te hanter
Viens avec nous, boire, rire et chanter
Relève-toi - relève-toi

Dormez-vous? (Inédit - Mars 2018)

Planète Terre est une si grande maison
Qu'il est aisé aux malveillants de s'aboucher
Pendant qu'on ronfle dans une chambre à coucher
Il y a brasse-camarades au salon
Au sous-sol magouille la gent grenouille
Au grenier, fomentent une révolution
Les hiboux, les chauves-souris et les gargouilles
Dans la cour, l'ost de zombies a pris position
Qui sait, demain, qui sera maître de maison?
Et qui dormira sous le douillet édredon?

Ma dernière chanson (Inédit - Juin 2017)

Tu viens d'entendre le dernier chant de l'oiseau
Car il s'est envolé vers une autre planète
Il ne se sentait plus le bienvenu
Sur cette terre morte, froide et nue

Tu viens de voir le dernier arc-en-ciel
Car il est parti illuminer d'autres cieux
Ce monde dit n'avoir plus besoin de lui
Qu'il aime mieux rester obscur et noir de suie

Tu viens de sentir la dernière fleur
Car on vient de lui dire : «Allez, pousse-toi!»
Sur cette terre où tout fane et tout se meurt
Elle aime bien mieux aller s'épanouir ailleurs

Tu viens de goûter au dernier vin de l'été
Ta coupe est vide, elle ne se remplira plus
Le cep se meurt sous le soleil froid de l'hiver
Sous le poids de la neige qui l'a recouvert

Tu viens de toucher au dernier nuage blanc
Ce nuage est parti et l'espoir avec lui
Il ne reste plus que les grosses nuées noires
Déversant leur torrent de pleurs quand vient le soir

Je viens de te chanter ma dernière chanson
Demain, je serai parti sur une autre étoile
Où l'on écoute encore les troubadours
Chanter leurs chansons d'espoir et d'amour

Que deviendra ce monde
Sans espoir, sans amour
Planète moribonde
Désertée pour toujours...

Tes yeux (Mai 2014)

Dans la cour arrière
Sous un soleil d'été
Te voilà prisonnière
Assise et amputée
Tu revois l'accident
Qui t'a pris ta vie
Et fait un trou béant
Sans raison, sans avis

Mais tu vois ton enfant
Qui joue autour de toi
Tes grands yeux survivants
Regardent avec émoi
Quelquefois son regard
Vient plonger dans tes yeux
Il vaut plus d'un milliard
Cet instant délicieux

Tes yeux sont des bras qui pressent
Des mains qui caressent
Des lèvres qui embrassent
Des pieds qui laissent leurs traces
Tes yeux sont des jambes qui courent
Vers le fond de la cour
Chercher la balle égarée
Pour ton enfant éploré

Dans la cour arrière
Sous un soleil d'été
Toujours prisonnière
Pensive et agitée

(SUITE…)

Tu revois l'accident
Qui t'a pris ta vie
T'a volé ton amant
Et toutes tes envies

Mais tu vois ton enfant
S'amusant tout autour
Tes yeux encore vivants
Sont tout remplis d'amour
Tu le vois s'approcher
Sans rien te reprocher
Pour lui, de toute manière
Tu es toujours sa mère

Tes yeux sont un grand cœur aimant
Rivé à ton enfant
Il est ta raison de vivre
Ton ultime étoile à suivre
Tes yeux n'ont plus qu'une ambition
Une unique passion :
Contempler chaque jour
Ce spectacle d'amour

Tu le verras grandir
C'est là tout ton bonheur
Tes yeux sont ton sourire
L'âme de ta douceur
Il est ce qu'il te reste
De plus merveilleux
Et de l'instant funeste
Rien qu'un merci à Dieu :
Il t'a laissé tes yeux!

Je meurs ma vie (Mars 2015)

Je meurs ma vie depuis le jour où tu m'as dit «*Je m'en vais*»
Quel jour mauvais!
Je meurs ma vie depuis le jour où mon amour s'en est allé
S'est envolé, inconsolé

Je meurs ma vie tout comme une feuille d'automne tombée par terre
Craignant l'hiver qui s'en vient
Je meurs ma vie très loin de l'arbre qui me berçait dans ses bras
Si loin de toi, je ne suis rien

Je meurs ma vie, je ne ressens plus qu'un insidieux mal à l'âme
Qui me condamne, douleur infâme
Je meurs ma vie; s'est éteinte en moi, pour toujours, la faible flamme
De l'amour et de la vie

Je meurs ma vie à ressasser mes quelques souvenirs heureux
À me faire accroire doux rêves creux
Je meurs ma vie à trop rêver de ta main blanche qui m'est tendue
Inattendue, bien entendu

Je meurs ma vie, un peu plus à chaque seconde
Dans la pluie de pleurs qui m'inonde
Grouille en moi une bête immonde
Se vautrant dans ma plaie profonde
L'empêchant de se refermer

Oui, je meurs ma vie
Reviens-moi, voilà le printemps
Renaît ô! espoir, c'est le temps
Je ne vis que pour cet instant
Depuis trop longtemps, je t'attends
Moi, qui t'aime tant...
Et qui meurs sa vie... pour toi!

Sur mon bateau (Octobre 2014)

Je suis sur mon bateau
Comme si c'était ma vie
Voguant vers un château
Qui me fait grand-envie
Au loin, sa haute tour
Est mon seul point de mire
Des oiseaux tout autour
Et fille tout sourire
L'Éden à l'horizon
Une vie sans orages
L'amour toutes saisons
Au terme du voyage ↗

Vogue, vogue mon navire
Je suis maître céans
Non, jamais ne chavire
«Dauphin des océans»
Affronte les tempêtes
Et défie les vents forts
Ne baisse pas la tête
Et redouble d'efforts
Il n'est plus loin le port!

Un brouillard s'est levé
C'est là toute l'histoire
Il m'a fait dériver
Sur route aléatoire
Monté à la vigie
Pleurant mon triste sort
Je vois les mots *«ci-gît»*
Et sirène de mort
Au fond d'une nuit sombre
J'ai frappé un rocher
Mon navire en décombres
Mon rêve effiloché... ↗

Pleure, pleure mon navire
Hurle mots malséants
Et toi, mon cœur, chavire
Qui te croyais géant
Qui te vantais de pouvoir
Vaincre vents du nord
D'un seul coup de mâchoire
La Bête te montre tes torts
En te refusant le port!

Il était là pourtant
Au bout de ma lunette
Rêve d'un jeune temps
L'ombre en était si nette
Il ne me reste plus
Que souvenirs marins ↗

Quelques jours qui m'ont plu
Bien d'autres de chagrin
Tous les jours, à toute heure
Une lumière luit
Vienne que le marin meure
Son beau rêve avec lui!

Moi, je te croyais! (Avril 2013)

Totalement incompréhensible le mystère d'une mère qui, après avoir donné la vie à son enfant, l'emporte avec elle dans la mort ; j'ai essayé de donner le point de vue d'un enfant trop jeune pour ressentir autre chose que l'amour qu'ils ont l'un pour l'autre.

Moi, je te croyais quand tu disais : Je t'aime, je t'aime!
Tu me disais aussi : Je t'aime plus que tout au monde!
Et quand tu me disais : Tu es mon grand bonheur suprême!
Jamais je n'ai douté de ton amour une seule seconde...
Moi, je te croyais!

Moi, je te croyais quand tu disais : Tu grandiras!
Tu me disais aussi : Tu deviendras grande personne!
Pourtant, j'étais si bien quand tu me prenais dans tes bras
Alors moi, je pensais tout bas : Vieillir, qu'est-ce que ça donne?

Je t'aime, je t'aime
Toi, tu es mon seul amour aussi
Je suis petit mais mon cœur est si grand
Que tu y es même quand je suis parti
Je t'aime, je t'aime

Et je t'aimerai toute ma vie
Car même si on se voit moins qu'avant
Quand tu es là, vois comme je ris
Et je te crie : Maman... Je t'aime, je t'aime!

Moi, je te croyais quand tu disais : Mon cher trésor!
Avec toi, je croyais être à l'abri des vents de tempête
Oui, j'étais si bien sur ton bateau, si fragile et si fort
Tu étais pour moi le Titanic des jours de fête...
Moi, je te croyais!

(SUITE...)

Moi, je te croyais quand tu disais : Oui, tu vivras!
Blotti dans l'innocence, je te croyais sans effort
Puis un jour, ont sombré ta vie et tous ses tracas
Tu m'as pris par la main : Les femmes et les enfants d'abord!

Je t'aime, je t'aime
Oui, tu es toujours mon grand amour
Il est même encore plus grand qu'avant
Et je veux te consoler à mon tour
Je t'aime, je t'aime

Je t'aimerai même dans l'au-delà
Comme je t'aimais de mon vivant
Et quand je sentirai que tu es là
Je te crierai : Maman! Maman! Je t'aime, je t'aime!

Car quand tu disais : *Je t'aime, je t'aime!...*
Moi, je te croyais!

Mirage (Septembre 2016)

Le vent caresse mon visage
Je peux sentir sa chaleur
Je peux sentir sa douceur
Je peux sentir la bonté
Je peux sentir la beauté
Yeux fermés, comme le monde est beau!
Le vent caresse mon visage
Je peux sentir sa chaleur
Je peux sentir sa douceur
Dans une douce torpeur
Il me fait croire au bonheur!

Je te tiens la main (Mars 2014)

Statistique : une Québécoise sur neuf souffre ou souffrira du cancer du sein.

Aujourd'hui, je te tiens la main
Je suis ton dieu, toi ma déesse
On dit : on s'aimera demain
Mais pourra-t-on tenir promesse?

Tant de «demain», tant de toujours
Mille instants de milliers de jours
C'est quelque chose toute une vie
Moi, je te promets ce qui suit :

Que tout au long du long chemin
Je te tiendrai toujours la main

Aujourd'hui, je te tiens la main
Réunis au pied de l'autel
Nos yeux se déclarent leur faim
Nos cœurs, leurs amours éternels

Que cesse la lente agonie
La trop longue cérémonie!
Ah! Coule donc fleuve du Tendre!
Aurons-nous la force d'attendre?

Quand je te mets l'anneau enfin
Oui, je te tiens très fort la main

Aujourd'hui, je te tiens la main
Dans cette épreuve de la vie
Tu souffres mais si peu te plains
D'une douleur inassouvie

(SUITE...)

Un cancer ronge ta poitrine
Berceau de ses vues assassines
Notre amour aura-t-il raison
De cet horrible poison?

À ton réveil, tu verras bien
Que je te tiens encor la main

Je vois bien que tenir ta main
T'aide à soulager ton chagrin
Et à te donner le courage
De vivre une à une tes pages

Après les coups de bistouri
Je te revois et tu souris
Aussi long sera ce chemin
Je te tiendrai toujours la main

Aujourd'hui, je te tiens la main
Au crépuscule de ce jour
Qui t'a vue t'en aller au loin
Où sont nos «demain», nos toujours?

Que sont nos serments devenus?
Que néant? Que déconvenues?
Ah! Survivrai-je à ma peine?
Ta mort pour moi fut si soudaine

Moi, dans ton autre vie sans fin
Je te tiendrai toujours la main

Tu vis dans l'autre vie sans fin
Vois, je te tiens toujours la main!

MOI

Ma vie : une enfance plutôt heureuse,
une adolescence pas très rose car trop tourmentée par la peur
puis une vie d'adulte où j'ai triomphé sans gloire pour avoir «vécu» sans péril...

Je me sentais si seul (Avril 2014)

Je me sentais si seul
Au milieu de la foule
Tout me faisait la gueule
Tout me rendait maboul
La musique elle-même
Même celle que j'aimais
Elle se faisait blasphème
Proféré à jamais
Dans ce décor disco
De bruits mis bout à bout
J'y entendais l'écho
Des bombes dans la boue
Et eux dansaient, heureux
Malgré la faim, la guerre
Je me sentais loin d'eux
Isolé sur ma Terre ↗

Je me sentais si seul
Comme pris dans un piège
Coincé dans un linceul
D'un funèbre manège
Imaginé par d'autres
Un monde de vauriens
De fous, de faux apôtres
Ne se souciant de rien ↗

Je me sentais si seul
Rêvassant dans mon coin
L'air triste de l'épagneul
Comme un chien mal en point
Qui ne peut trouver d'os
Que dans un ossuaire
Qui va laper son eau
Dans un trou nucléaire
Incapable de mordre
Cette main entêtée
Se plaisant à distordre
Mes hivers, mes étés
Mon mal me faisait voir
L'inanité du monde
Il broyait tout le noir
Pour que je me morfonde

Se riant de la vie
Polluant tout autour
Se moquant des avis
Des points de non-retour
Des fabricants d'horreurs
D'armes qui font frémir
Semant la froide peur
M'empêchant de dormir

(SUITE...)

Je me sentais si seul
Dans cette vie à vivre
Qui n'était que casse-gueule
Où mieux valait être ivre
Pour passer au travers
Pour faire semblant de croire
Que les champs étaient verts
Et l'homme méritoire
J'ai fait le somnambule
Tous les jours de ma vie
Tombé le funambule
Du haut de ses envies
Sombrées les ambitions
Dans la mer des besoins
Toutes mes inactions
En furent les témoins ↗

Je me sentais si seul
Avec ce mal de vivre
Qu'aujourd'hui, c'est l'aïeul
Étonné de survivre
Qui porte en lui un cri
Courage et liberté!
Qu'il a si peu compris
Qui revient le hanter
Refoulé dans son cœur
Git ce précieux bijou
Qui orne les vainqueurs
Et ceux qu'on met en joue
Pour lui, l'heure est venue
De faire l'inventaire
De braver l'inconnu
D'arrêter de se taire

Sentant venir sa fin
Avec espoir, il tend
Son fabuleux écrin
À ses petits-enfants
Pour quand viendra leur temps...

Pas d'excuses! (Avril 2013)

Je n'ai pas d'excuses, il y a mille chemins
C'est moi qui décide quel sera mon destin
C'est mon pouce à moi, en haut ou en bas
Qui règle mon sort : le bonheur ou pas

Le reste du monde qu'il le veuille ou non
Verra sur la liste tout en haut mon nom
Je veux tout essayer et faire de mon mieux
Je veux être libre, et monter vers les cieux

(SUITE...)

Je n'ai pas d'excuses, car j'ai tout ce qu'il faut
Pour voir le bien, le mal, ce qui est vrai ou faux
Il n'y a plus personne qui peut me retenir
Je vais tête baissée droit dans mon avenir

Je suis explorateur du pôle positif
Mon envie de vivre est comme un explosif
Je peux tout réussir, je suis si déterminé
Attention tout autour, je suis contaminé

Avis aux pessimistes, donneurs de mauvais sorts
Je ne vous laisse plus réfréner mon essor
Je vais là où je veux, je fais ce que je veux
Je suis seul à savoir ce qui me rend heureux

Je n'accepte plus qu'on me dise du mal
Je suis original, oui, mais tout à fait normal
Je vais sur mon chemin, le regard droit devant
Je n'ai peur de rien ni des bruits ni du vent

Car la vie, la vie est un cadeau du ciel
Qui s'épuise trop vite, tout comme un pot de miel
Le miel est si bon tout au long du parcours
Qu'au fil d'arrivée, on en veut toujours

Oui, la vie, la vie est un cadeau du ciel
En abuser un peu n'est qu'un péché véniel
Dans ma vie, ma vie, oui je ris, je m'amuse
Et pour ça, pour ça, n'attendez pas d'excuses!

Dans ma vie... (Octobre 2016)

Très, très tôt dans ma vie apparut une cloche
Le son d'icelle me faisait marcher au pas
Et me disait quoi faire et quoi dire, ou pas
Maintenant, je sais : dans ma vie, quelque chose clochait!

Bizarroïde (Inédit - Juillet 2017)

Il était une fois un spermatozoïde
Qui se disait le plus futé, le plus rapide
Fidèle à son poste comme tout bon séide
Il n'attendait que le signal, fin prêt, avide
De dépasser ses concurrents dans le fluide
Repérant le bon cap dans le couloir humide
Le voilà fonçant vers le but tel un bolide
Ah! que l'ovule, au bout, ne soit pas frigide!

Un seul évitera la mort, le génocide
Oui, la vie est précédée d'un grand flop morbide
Les candidats défaits sont menés au suicide :
Au bout du chemin, ils ne trouvent que le vide
Le grand vainqueur peut se prétendre grand caïd
Gamète, puis œuf, il naîtra humanoïde
Le voici! On lui voit déjà la tête au kid…
Oh! c'est moi, à ma page un de l'éphéméride!

Après avoir survécu à tel fratricide
Avoir triomphé de diaboliques rapides
Après avoir affronté les fatals liquides
Lutté fort chaque instant pour la vie, impavide
On aurait dû voir naître un enfant fort, solide
Mais non! Devant la moindre embûche, il tourne bride
La moindre des difficultés le rend livide…
Eh! comment se fait-il que je sois si timide?

Une montagne sur mon chemin (Mai 2014)

Une montagne sur mon chemin
Hautaine tout autant que haute
Dit : *« Hier, aujourd'hui, demain*
Je suis là, ce n'est pas ma faute ! »
Elle me regardait de haut
Moi si petit, elle si grande :
« Tu peux bien faire tout ce qu'il faut
Tu retomberas sur ta lande ! »

Ça prendra bien l'éternité
Pour planter mon drapeau au faîte
Je vous le dis sans vanité
Ce jour-là sera jour de fête
Je fais donc un tout premier pas
Certain de mon agilité
Le tout premier rocher du bas
Me montre ma fragilité

Je dois encor recommencer
Dix fois, vingt fois, cent mille fois !
Rechercher de nouveaux tracés
Pour ne pas errer dans les bois
Pour ne pas heurter mes genoux
Pour ne pas m'arracher les doigts
Mes pieds saignent, mon cœur se noue
Va, jeune homme, fais ce que dois !

Je me suis fait une compagne
Qui me redonne grand espoir
Je dis : *« Prends garde, la montagne*
Je serai tout en haut, ce soir ! »
L'amour soulève, c'est connu
Des grands pas, j'en ai fait ce temps
Cœur et corps, si bien soutenus
Je montais mon mont en chantant ! ♪

Chemin faisant, j'ai tout perdu
Perdu la trace de tous les miens
Pour peu, j'aurais redescendu
J'en avais perdu mes moyens
Pic levé comme un doigt d'honneur
Le mont me lançait un défi
J'entendais le vent ricaneur :
« Prends ça avec philosophie ! »

Facile à dire, mais pas à faire
J'ai ralenti, mon pas est lourd
Mon envie de croiser le fer
A comme été prise de court
Mais quand j'ai relevé les yeux
Que j'ai vu la cime si près
J'ai oublié les jours pluvieux
Voilà, montagne, je suis prêt !

J'ai bien grandi sur ma montagne
J'ai bien appris le prix des choses
Tous mes châteaux étaient d'Espagne
Ils ont duré comme la rose
Cette montagne mal-élevée
Est cause de tous mes problèmes
Elle n'a fait que m'éprouver
M'a enlevé tous ceux que j'aime

Car je la croyais mon amie
Quand j'étais un tout jeune enfant
Telle *« la cigale et la fourmi »*
L'innocence mal me défend
Aujourd'hui, mes cheveux blanchis
Ont vu la neige sur le mont
Mon corps au dos un peu fléchi
Se dit : j'ai vaincu ce démon !

(SUITE...)

Mais qu'ai-je réussi au juste?	C'est bien aujourd'hui que prend fin
Je suis en haut, mais suis à bout	Mon escalade difficile
La montagne est toujours robuste	Finies mes peines et mes faims
Moi, j'ai peine à tenir debout!	Tout ça m'a rendu plus docile
Elle se dressait devant moi	Sur l'écriteau que je peux voir
Que ne l'ai-je pas contournée?	Planté comme un ultime avis
Ah! Vain retour sur les émois	Je lis ce qu'il me faut savoir :
Qui ont jalonné ma journée! ♪	«Cette montagne, c'était ma vie!»

Qu'as-tu fait de ta vie? (Septembre 2016)

Dis-moi, qu'as-tu fait de ta vie?	As-tu été méchant, gentil?
As-tu aimé, as-tu haï?	As-tu snobé ou accueilli?
As-tu donné ou as-tu pris?	As-tu dit merde ou dit merci?
As-tu déçu, as-tu surpris?	As-tu rêvé, as-tu agi?
As-tu pardonné ou sévi?	Qu'est-ce que la vie t'a appris?
As-tu blessé, as-tu guéri?	Faire le bien, le mal ou pis?
As-tu brisé, as-tu construit?	Dis-moi, lequel as-tu choisi?
As-tu affronté, as-tu fui?	As-tu pleuré et as-tu ri?
As-tu pris les devants, suivi?	Maintenant que tu as vieilli
As-tu dit vrai, as-tu menti? ♪	Dis-moi, qu'as-tu fait de ta vie?

Let it Beatles! (Octobre 2016)

Les Beatles m'ont consolé plus d'un *Yesterday*
M'aidant quand je criais : *Help! I need somebody!*
Toujours, en moi, leurs *All you need is love* rôdent
Et m'accompagnent sur ma *Long and Winding Road*

Comme j'eusse été heureux de *To hold their hand*
Dans leur *Sergeant Peppers' Lonely Hearts Club Band*
Ou de voyager dans leur *Yellow Submarine*
De *Love me do* jusqu'à *The end*... Ah! *Imagine!*

MA FAMILLE

L'ancêtre acadien (Mai 2015)

Ô! Ancêtre Laurent
Parti de l'Angleterre
Tu es sorti du rang
Pour cultiver la terre
Ta vie de matelot
Tu la laissas derrière
Ne plus voguer sur l'eau
Et plus jamais la guerre!
Quand tu vis tout à l'heure
La charmante Marie
Ta nouvelle demeure
S'appela l'Acadie!

Et vous viviez heureux
Dans ce tout nouveau monde
Car, même les jours creux
Chaud soleil vous inonde
Enfants, petits-enfants
Ont fait votre fierté
Bénis, jours triomphants
Et jours de liberté!
Mais vous étiez coincés
Entre l'arbre et l'écorce
Dix mil[1] furent évincés
Et déportés de force!

Le colonel Winslow
Le regard impassible :
«Je vous envoie sur l'eau
Ah! Quel devoir pénible!»
Entassés sur navires
Plus frêles que des œufs :
«Ah! Qu'ils ne se déchirent
Ô! Vous, qui êtes aux cieux!»
Mais Dieu n'y pouvait rien
Il y avait trop à faire
Il reçut corps et biens
Tout au fond de la mer

Plusieurs se sont rendus
Delà les Carolines
En route, ont entendu :
«Qu'ils meurent de famine!»
Déportés de tous âges
Ne cessaient de rêver
Un jour, prenant courage
On les vit se lever
Ils marchèrent longtemps
Enhardis de prières
Avançaient en chantant
Les refrains de leurs pères

(SUITE...)

De retour au pays	Dans un creux, sur un faîte
Qui les avait vus naître	L'histoire s'est *renvolée*[2]
C'est l'étranger depuis	On chantait chez les Angles
Qui y vivait en maître	La mort de la rebelle :
Refusant la défaite	Vis, libre de tes sangles
On les vit s'installer [1]	Acadie immortelle!

[1] Le nombre exact varie d'un auteur à l'autre; le chiffre que je propose, qui donne un ordre de grandeur de la catastrophe, n'est là que pour faire image et respecter la strophe.

[2] Se renvoler : Verbe pronominal inventé par moi; je n'aime pas le verbe intransitif «Revoler» suggéré par le Larousse pour «S'envoler de nouveau».

Ma chanson est une émotion (Avril 2013)

Pour Joseph et Lorraine, mes parents!

Ma chanson est une émotion
Que j'avais là au fond de moi
Je la vois au bout du crayon
Verser des larmes sur mes doigts

Oui, je revois encore mon père
Sur la tête, son vieux chapeau
Me dire, lui qui était sévère :
«Ce que tu as fait-là, c'est beau!»

Oui, je revois encore ma mère
Fleurant l'amour et la bonté
Dire que ce grand cœur d'hier
Tout à l'heure, va l'emporter!

Je revois mon père et ma mère
Qui valsaient là dans le salon
Laissant tous leurs soucis derrière
Heureux le temps d'une chanson

(SUITE...)

Je revois mon père et ma mère
Du moins, le temps d'une chanson
Oui, c'est une image éphémère
Ma chanson n'est qu'une émotion

Ma chanson est une émotion
Que j'avais là au fond de moi
Je la vois au bout du crayon
Verser des larmes sur mes doigts

Je me souviendrai de toi... Maman! (Mai 2014)

Je me souviendrai de toi
De tous les instants de joie
De tes mots recouverts de soie
Sévères et gentils tout à la fois
Pour ça, je me souviendrai de toi

Je me souviendrai de toi
De la meilleure nounou qui soit
Je m'amusais si fort chez toi
Chaque jour était un jour des rois
Pour ça, je me souviendrai de toi...
Maman!

Je me souviendrai de toi
Intarissable puits d'amour
Tu en abreuvais chaque jour
Tes huit enfants chacun à son tour
Pour ça, je me souviendrai de toi...

(SUITE...)

Je me souviendrai de toi
Tu étais bien seule parfois
Malgré nos cris de turbulence
Tu disputais avec indulgence
Pour ça, je me souviendrai de toi

Quand le cœur lourd de griefs
Les poings posés sur tes hanches
Tu priais Jésus, Marie, Joseph
Pour changer ce jour en dimanche
Pour adoucir le long sermon auquel nous avions droit

Quand j'aurai l'âme aux abois
Et quand mon cœur aura froid
Alors je ferai tout comme toi
Comme tu l'as fait tant de fois
Je compterai sur mes doigts : un, deux, trois...
Alors, je me souviendrai de toi...

Je me souviendrai de toi
De tes éclats de rire si beaux
De la magie du bout de tes doigts
Qui savait guérir tous les bobos
Pour ça, je me souviendrai de toi

Je me souviendrai de toi
Du jour où tu as fermé l'œil
Tu reposais dans le fauteuil
Où tu m'a bercé oh! Tant de fois
Pour tout ça, je me souviendrai de toi...

Maman!

Le blues du ch'min Hemming (Avril 2014)

Que'que part sur le ch'min Hemming
Y a trois p'tits bouts de rue en ligne
Une cour au centre comme un ring
Pleine de p'tits culs, de p'tits vikings
C'est là qu' les kids sont des kings
Ils chantent le blues du ch'min Hemming

Y a des base-ballers qui swinguent
Dans' mite, la balle curviligne
Jean-Louis lance un fer qui ringue
Rachel en met deux, quelle guigne!
Des shérifs montrent leur insigne
Et avec leur faux browning
Tuent des bouteilles de Carling

Michel i' est toujours willing
À faire des sauts, des loopings
I' court, i' s'donne toute une swing
I' tombe mal… bedang, beding!
On entend son chant du cygne
I' «sing» le blues du ch'min Hemming

I' mouille, on joue dans l'building
Lit Bob Morane contre Ming
R'garde la TV sans zapping
C'est déjà l'heure du bowling
C'est l'tour de François Lavigne
Qui lance une boule rectiligne
Oh non! I' a pilé s'a ligne!

Suit un film de kidnapping
C't un James Bond d'Ian Fleming
Dans' cuisine, ça se graffigne

(SUITE…)

Robert, Pierre courent en runnings
Chut! Jos i' dort, i' est sa swing
On swingue le blues du ch'min Hemming

Luc, i' est avec sa darling
Dans l'living, ils font du necking
Mais y a Lorraine ben maligne
Qui «call» ses enfants qui chignent
À soir, il n'y a pas de pouding
On mange pas du Burger King
C't' encore d'la soupe à l'eau d'sink!

Y a l'téléphone qui fait dring
Mais comme on est trois s'a ligne
Faut watcher not' méméring
Des chums arrivent sans faire signe
Chez nous, pas d'mauvais timing
Pour blueser le blues du ch'min Hemming

Le pick-up joue les Rolling
Pis les Beatles chantent *Something*
Chantal a' danse, a' trépigne
Dans la poussière du parking
Y a quelques danseurs de swing
Qui twistent sur un BB King
Non, ça n'sent pas l'Irish Spring!

La gang à Lucie s'balancigne
Y a là comme un grand meeting
Ça jase de mode, de shopping
Y a Pierre qui gratouille du Sting
Pis l'violon d'Jos fait zing-zing
Il zingue le blues du ch'min Hemming

L'sam'di soir, c't'un happening
Assis sur l'banc d'char à springs
Soirée du hockey «evening»   (SUITE...)

50

C'est les Habs contre les Red Wings
Pierre Bouchard fait du boxing
I' a fait du bodybuilding!
Mais y gagn'ra pas l'Lady Bing

Réjean Houle s'enfarge dans' ligne
Dryden debout, toujours digne
Carbo dégage, c't un icing
Canadien gagne : quel feeling!
On cale not' dernier jus d'vigne
Pour chanter le blues du ch'min Hemming

Que'que part sur le ch'min Hemming
Y a trois p'tits bouts de rue en ligne
Une cour au centre comme un ring
Vide de p'tits-culs, de p'tits vikings

Partis les kids, les p'tits kings
Qui chantaient le blues du ch'min Hemming...

Notre cour et notre maison du 2120-2122 chemin Hemming à Drummondville, où je suis né et où j'ai été heureux avec mes parents, mes frères et mes sœurs, ont accueilli longtemps des dizaines de «p'tits culs» et «p'tits vikings», garçons et filles, voisins de près et voisins de loin, venus y vivre une partie de leur jeunesse et de leur adolescence. On y jouait beaucoup, à des jeux connus et, quelquefois, à d'autres qu'on inventait nous-mêmes. Adolescents, tous nos voisins et amis étaient bienvenus de rester à dîner ou à souper, maman ayant l'habitude des repas de «cafétéria» où la quantité primait sur la qualité; c'est vrai, mais personne ne s'est jamais plaint... Puis on fumait et on discutait tout en essayant bien sûr, dans nos échanges graves et drôles, de réinventer le monde. Notre cour était un lieu de rencontres quotidiennes : là, le temps passant, quelques-uns ont trouvé l'amour, mais tous et toutes y ont trouvé l'amitié, la joie de vivre, le plaisir et la gaieté... Une cour des petits bonheurs, quoi! Ah! Que de souvenirs heureux!

Ô musique! (Octobre 2016)

Une onde de musique coulait dans leurs veines
Créant du bonheur, même dans les jours de peine

Mes trois perles (Septembre 2016)

À mes trois filles bien-aimées...

Cette nuit vit un homme partir pour la pêche
Quand il ne vit que mer, il jeta son filet
Puis, patiemment attendit : *«Rien ne me dépêche»*
Se dit celui-ci; *«L'aube sera mon sifflet»*

Les heures passèrent et le jour vint à poindre
Son filet remonté, y vit faible butin
*«Ah! Difficile d'obtenir capture moindre
Oyez : que trois huitres! J'y voyais dur destin!»*

L'homme revint au rivage la tête basse
Cachant le mieux qu'il pouvait vive déception
On l'entendait de loin gémir : *«Hélas! Hélas!
Je n'y ai ni gain, ni matière à réception»*

Rester replié plus longuement sur lui-même
N'étant pas une option, l'homme se releva
Estima d'une autre manière son problème :
Il ouvrit ses trois huîtres sans plus de flafla

Grand bien lui fit : il s'y trouvait une surprise :
Il était parti homme, il revenait père
De trois filles : Émilie, Évelyne, Élyse!
Oui, les trois huîtres repêchées étaient perlières!

Ces trois joyaux d'une valeur inestimable
Pris à la mer : Ah! Qui l'aurais cru si aimable!
*«Elles sont si belle parure de ma vie
Que dieu Poséidon lui-même en meurt d'envie!»*

Je t'ai perdu mon frère (Décembre 2013)

**Texte dédié à mon frère Michel,
décédé le 4 novembre 2015 à 64 ans, victime de l'Alzheimer.**

Je t'ai trouvé mon frère
Au milieu d'un corridor
Où tu berçais ta misère
Rêvant d'un meilleur sort
Pire est l'autre corridor
Où toi seul tu déambules
Où tu vis et où tu dors
Emprisonné dans ta bulle
Une bulle dont tu ne sortiras plus !

Je t'ai vu chercher tes mots
Dans les trous de ta pensée
Des phrases pleines de maux
À chercher dans ton passé
Seul dans ta demi-folie
Errant dans une pénombre
Et condamné par la vie
À n'être plus qu'une ombre
Une ombre qui s'allonge chaque jour...

Au seuil de tes soixante ans
On t'a mis dans un enclos
Et pour le reste des temps
Tu y vivras yeux mi-clos
Hélas, tu ne verras plus
Que ce qu'on te montrera
S'il fait soleil, s'il a plu
Ce n'est pas toi qui le diras
Ton monde est tout rempli de brouillard

(SUITE...)

Des journées toute pareilles
Remplies de peines et d'oublis
Un univers sans merveilles
Aux règles tout établies
Hélas, tu n'auras plus rien
Que ta seule solitude
Où est le mal ? Où est le bien ?
Où est le nord ? Où est le sud ?
Tu n'en a pas besoin pour aller où tu t'en vas…

Prisonnier de ta vie
Et prisonnier des autres
Ta pensée asservie
Tu n'es déjà plus des nôtres
Dans ton visage assombri
On ne voit plus de lumière
Voilà, j'ai bien compris :
Je t'ai perdu mon frère !
Adieu, Michel !

HOMMAGE POSTHUME. Michel est né le 10 mai 1951 ; un an et quatre mois plus tard je naissais, moi, son frère. À défaut d'avoir été jumeaux, Michel et moi, enfants et adolescents, avons partagé nos «braillages» de bébés, nos cris d'enfants, nos jeux, nos bébelles, nos couches, nos vêtements et, longtemps, le même lit ! Ce que faisait Michel, je lui collais aux fesses pour faire pareil ! On a fait du bicycle, on a joué à la «tague», à la canne fessée, au loup, à la balle molle, aux billes, aux «tires» (pneus) et aux fers ; on s'est fait des arcs et des flèches avec lesquels on a joué aux cowboys et aux indiens, on a fait des cabanes dans les arbres, on a joué à Tarzan dans les arbres. L'hiver, on a glissé, patiné et joué au hockey. Quand il pleuvait, l'imagination ne nous faisait jamais défaut : on a joué aux dames, au toc, aux cartes, à toutes sortes de jeux de cartes, et à toutes sortes d'autres jeux de société dont quelques-uns étaient le produit de notre imagination. On a regardé la télé ensemble ; on a lu les mêmes bandes dessinées et écouté la même musique. On a été à l'école ensemble, dont deux ans dans la même classe ; on a été à la messe ensemble ; on a été dans les cadets de l'air ensemble ; on a fait nos sorties d'ados ensemble, et tellement d'autres choses. Merci, Michel, pour tout ce que tu as fait pour moi, ton frérot «rocket pocket» ; merci de m'avoir accepté dans tes jeux et dans tes sorties ; merci d'avoir été là pour écouter, endurer et accepter toutes mes niaiseries, involontairement pas toujours gentilles, je le confesse. Merci, Michel, d'avoir été longtemps mon confident, mon mentor, mon modèle, mon complice et, surtout, merci d'avoir été mon ami ! Adieu, Michel !   *De ton frère chien de poche reconnaissant, Luc.*

Gabrielle (Avril 2013)

Hommage à ma tante Gabrielle Granger (1922-2014), Sœur de la Charité (Sœur Grise), qui a été très engagée dans son milieu; en 2012, elle fêtait ses 90 ans!

Gabrielle
Tant de qualités te constellent
L'amour, la foi et la bonté
Sont trois parmi la kyrielle
Qui te font femme de qualité
Dans le fin fond de tes prunelles
Où vit encore l'intensité
On y voit tout plein d'étincelles
L'âge ne t'a pas arrêtée

Gabrielle
On a bien vu que tu excelles
À faire le bien, à faire le mieux
Pour aider ceux, pour aider celles
Qui rêvent d'un monde plus heureux
On a construit une chapelle
Qui porte ton nom, qui porte ta vie
Une sorte de Compostelle
Pour ceux qui se cherchent un abri

Gabrielle
90 à ton échelle
Une vie donnée sans compter
Une vie d'actions fraternelles
Tout ça nous remplit de fierté
Tant de qualités te constellent
L'amour, la foi et la bonté
Sont trois parmi la kyrielle
Qui te font femme de qualité
Et qui te font simplement…
Une femme belle!

Ode pour le 80ᵉ anniversaire d'Hélène Granger
(Inédit - 17 juin 2017)

Chère tante Hélène, puisque aujourd'hui tu entres dans la quatre-vingtaine
   Je te fais cet éloge, ce panégyrique, oui, moi, auteur à la petite semaine
Moi, qui te connaît peu et mal, mais qui, de compliments, est très en veine
   Je remplirai mon ode de mots et de phrases aux doux parfums de verveine
Je t'encenserai tant et tant que cette année tu seras dispensée de Neuvaine
   Et toi, gênée de ce dithyrambe tu diras : «Assez! Stop! La cour est pleine!»
J'espère qu'à la fin, plusieurs ici diront : «Il s'est donné bien de la peine
   Pour nous en mettre plein les oreilles; vraiment, lui, y connaît la rengaine!»
J'ai bien cherché et je t'ai trouvé deux homonymes dans l'histoire ancienne
   L'une est Hélène de Troie, personnage important de la mythologie hellène
Fille de Zeus, épouse du roi de Sparte, enlevée par Pâris qui la voulait sienne
   Puisque, naguère, à lui promise par Aphrodite, elle aurait dû être Troyenne!
On fit à Sparte tout un plat de ce rapt, puis on se fit une guerre cyclopéenne
   Qui dura à peu près plusieurs années selon mes sources moins que certaines
Finalement, on construisit un cheval; on lui mit des soldats plein la bedaine
   Il fut introduit dans la cité de Troie : la surprise fut grande, la victoire, soudaine

L'autre Hélène, c'est la mère de l'empereur Constantin, elle est donc romaine
   D'origine modeste, son fils la fit un jour «Augusta», c'est-à-dire souveraine
Elle a été toute sa vie durant une protectrice de la communauté chrétienne
   À tel point qu'on la canonisa, qu'on la fit sainte, pour avoir été sa mécène
Elle est patronne des teinturiers et des marchands de clous, d'aiguilles et d'alênes
   On se demande bien pourquoi? Rien dans sa vie ne la relie à ces deux domaines!
L'histoire raconte qu'elle vécut plus de quatre-vingts ans, et cela nous ramène
   Sans plus de méandres et de détours, de ta sainte patronne à toi, notre Hélène

Oui, ces femmes avaient de grandes qualités; sache que toi aussi tu as les tiennes
Tu n'es ni déesse ni impératrice? Peu importe, tu es toi aussi en haut de la moyenne
L'amour, l'amitié, la foi, la bonté, la fidélité, Hélène III, te vont à ravir et te font sereine
Et tu en dispenses généreusement, sans compter, telle la Mère Noël, ses étrennes
Oui, toi aussi tu vis une vie unique, remarquablement remplie de chaleur humaine
Et si tu étais née dans une autre famille que la nôtre, par mauvais sort ou déveine
On aurait certainement eu grand-envie de te kidnapper, vois, tous ici en conviennent
Et s'il l'eût fallu, on aurait construit un éléphant, un dinosaure. Ah! Qu'on me retienne!

Je termine ici mon allocution mais non sans une incursion dans la tragédie racinienne
   Non, on n'y peut rien, la vie s'écoule, jour après jour, tel un chapelet qu'on égrène
Le temps passe et, inexorablement, vers notre ultime destination, il nous emmène
   Tante Hélène, je te souhaite encore bien des roses, et beaucoup d'années prochaines!

Tu es si petite Lilia (Janvier 2014)

Poème célébrant la naissance, le 8 décembre 2013, de ma petite-fille, aux racines ancrées dans le Québec et dans le Maroc.

Tu es si petite Lilia
Non, tu ne peux pas tout savoir
Le bien et le mal qu'il y a
Dans ce monde mi-blanc, mi-noir

Tu es si petite Lilia
Tu découvriras bien des choses :
Qu'il est bon le cactus opuntia
Qu'il y a des épines sur les roses

Tu es si petite Lilia
Non, tu ne peux pas tout connaître
Tout semble compliqué déjà
Pour toi qui viens juste de naître

Tu es si petite Lilia
Accorde-toi un peu de temps
Avec l'aide de Dieu et d'Allah
Il ne fera pas nuit bien longtemps

Fille de sapins, de palmiers
De désert de neige, de désert de sable
Fille d'oliviers, de pommiers
De chaud et de froid qui accablent

Petite fleur de lys
Quand tu chercheras l'oasis
L'amour, la paix dans tes idées
Tu n'auras qu'à lever les yeux
Pour trouver là-haut dans les cieux
L'étoile verte pour te guider!

Petit Samy (Puis il y a toi...) (Août 2016)

Le 18 juin 2016, naissait mon petit-fils, lui aussi aux racines québécoise et marocaine; sa génération verra-t-telle l'aube d'un monde meilleur?
Au-delà des mots durs et sévères ...un chant d'espoir!

Un monde où l'on tue de sang-froid
Un monde du chacun pour soi
Où l'on rêve d'or et de soie
Car il y a l'homme, vice de roi

Il pille chacun des pays
Où il vit, qui lui fait envie
Car tout n'appartiendrait qu'à lui
Oui, ce monde irait beaucoup mieux si...
Puis il y a toi petit Samy...

Un monde qui crie et qui pleure
Un monde qui gronde à toute heure
Où tout va de plus en plus mal
Car il y a l'homme, cet animal

Un monde de peur, de soucis
Un monde où règne l'idiotie
Peut-être un jour, une éclaircie
Oui, ce monde irait beaucoup mieux si...
Puis il y a toi petit Samy...

Un monde rempli d'espérance
Un monde qui chante et qui danse
Tout finira peut-être bien
Car il y a l'homme, homo sapiens

Parfois il pense, il réfléchit
Parfois il fait le bien aussi
Sans pouvoir ni hiérarchies
Oui, ce monde irait beaucoup mieux si...
Puis il y a toi petit Samy... (SUITE...)

Un monde où l'on peut être grand
Sans écraser les plus petits
Chacun a le même appétit
Personne n'est si différent

Un monde où tous sont réunis
Tous et toutes en toute harmonie
Qui en écrira le récit?
Oui, ce monde irait beaucoup mieux si…

Puis il y a toi petit Samy!

Petit Jackson (Septembre 2016)

Poème célébrant la naissance, le 2 février 2016, de Jackson, mon petit-fils par alliance.

Petit Jackson
Entends-tu la cloche qui sonne
De ta vie, c'est ton départ!
Te voilà sorti du brouillard
Vis ta vie comme personne
Prends tout ce qu'elle te donne
L'amour, la gloire et le fun
Comme une coupe, un trophée
Comme si tu avais triomphé
Prends-la au bout de tes bras
Personne ne t'en voudra
Ni de tes cris, ni de tes hourras
Oui, vraiment, tu en as le droit!

(SUITE…)

Petit Jackson
Autour le monde déraisonne
Tu n'as pas à t'en faire
Ni du ciel, ni de l'enfer
C'est la vie qui bourdonne
Tu verras que quand tu donnes
C'est la vie qui redonne
Alors pourquoi t'inquiéter
Des nuits d'hiver et d'été?
Il n'y a pas d'âge ingrat
Mais plus de rires que tracas
Choisis, prends, ouvre les bras
Oui, vraiment, tu en as le droit!

Petit Jackson
Ne crois pas que tu ambitionnes
Tu as droit à ta juste part
Tu as droit au miel, au nectar
Oui, comme toute autre personne
Prends ce que la vie te donne
L'amour, la gloire et le fun
Comme une coupe, un trophée
Comme si tu avais triomphé
Marche ta vie pas à pas...
Seras-tu heureux petit gars?
C'est toi seul qui décideras
Oui, vraiment, tu en as le droit!

Petit Jackson
Entends-tu la cloche qui sonne?
De ta vie, c'est ton départ
Te voilà sorti du brouillard...

LE MONDE : (UN) PEU D'ESPOIR?

Ça, je le sais! (Juillet 2013)

Je vois le monde autour de moi qui s'écroule
Qui se hait, qui se bat, et qui se saoule
Je vois le monde sur la Terre qui perd la boule
Oui, mais pourquoi?

Je vois la soif, la faim, la misère et la peur
Dans le regard hagard de mes frères, de mes sœurs
Et j'entends des millions de nos enfants qui pleurent
Oui, mais pourquoi? ***Ça, je ne sais pas!***

J'entends le bruit du fer, des guerres et de la mort
Et j'entends le boucan des grands et des plus forts
Je vois les tout petits résignés à leur sort
Oui, mais pourquoi?

Je sens très bien la forte odeur du désespoir
Plus aucun beau matin qui soit qui suit le soir
Le mal et le malheur se nourrissent de noir
Oui, mais pourquoi? ***Ça, je ne sais pas!***

Un jour, ce monde immonde touchera le fond
Et tous les yeux grands ouverts verront ce qu'ils font
Les grands bouffis, les fous, et tous les bouffons
De la Terre!

Viendra au monde ce nouveau monde tant désiré
Plus personne ne vivra pour s'entre-déchirer
Le chœur du monde chantera un air inspiré
D'une nouvelle ère...

Oui ça, je le sais! Oui ça, je le sais!

L'enfant qui dort sur la plage (Décembre 2015)

2 septembre 2015. Des réfugiés syriens, tentant de rejoindre l'île grecque de Kos, porte d'entrée vers l'Europe, sont morts au large de la station balnéaire turque de Bodrum. Parmi eux figurait Aylan Kurdi, trois ans, dont les images du corps gisant sur la plage, relayées par les réseaux sociaux et la presse, ont suscité une vague d'émotion et d'indignation dans le monde entier.

Nous quittons un pays sauvage
Où l'on ne peut vivre debout
Où sévissent haine et pillage
Où règnent paroles de boue

On me dit monte dans la barque
Elle mènera au salut
Et du mieux qu'on peut, on se parque
Nous partons, las, mais résolus

La mer berce les espérances
Des hommes, femmes et enfants
Qui rêvent : «*Là, la délivrance!*»
Et qui regardent droit devant

Coincés comme bêtes en cage
Dans un minuscule bateau
Je n'entends qu'un seul cri de rage :
«*Oui, nous serons libres bientôt!*»

Tout au bout de ce long voyage
Où l'on dit : là est Liberté!
Je n'y ai trouvé qu'un rivage
Et sommeil pour l'éternité

Moi, l'enfant qui dort sur la plage
Je fus trouvé face dans l'eau
Le monde entier voit mon image
L'image d'un rêve trop beau   (SUITE...)

Visage enfoncé dans un sable
Où j'aurais bien aimé jouer
Avec moi git, indiscutable
Votre *humanité échouée**

La liberté? Pas un seul jour!
Tout autre était ma destinée
Puisque je dors et pour toujours
Dans le sable ocre où je suis né

Visage enfoncé dans le sable
Mon âme est montée vers le ciel
D'en haut, je vois l'inexplicable :
D'autres enfants meurent sans voir... l'arc-en-ciel!

*L'expression est vite apparue sur les réseaux sociaux

Des riches et des pauvres (Février 2016)

USA, janvier 2016. Un gros lot d'un milliard et demi de dollars US sème la folie!

Que je suis déçu de savoir que ce monde va tout croche
Et que le plus important est de s'en mettre plein les poches
Que les plus riches ne sont que voleurs ou marchands d'armes
Et qu'ils sont insensibles aux morts, et aux survivants en larmes

Au bulletin de ce soir, on dit qu'ils mènent tout dans le monde
Qu'ils ont trop haussé les prix, que la colère du peuple gronde
Qu'au lieu de creuser des sillons pour semer, cultiver la terre
Leurs bombes creusent des tombes, qu'ils ne cultivent que la guerre

Un pour cent possède à lui seul, presque toutes les richesses
Qu'il cache loin en paradis grâce à ses tristes lois traîtresses
Mais, avec tant de pauvres gens, d'indigents et de misérables
Quand il donne une miette ou deux, le geste semble admirable

(SUITE...)

J'ai cru être riche à mon tour, hier, il y avait un tirage
Un gros lot de plus d'un milliard, tout un rêve! Ou rien qu'un mirage?
La chance ne m'a pas souri, malgré les dires de l'horoscope
J'ai tout jeté à l'eau, hélas! Ce sont mes enfants qui écopent

De cette histoire farfelue, je vous confie la morale
L'argent ne fait pas le bonheur, et la chance est fort inégale
Et si les riches ont l'air peinés, ils ne le font que pour qu'on pense :
«Soyez heureux d'être pauvres, au Ciel se trouve votre récompense!»

Ne m'oublie jamais! (Juillet 2013)

6 juillet 2013. Un convoi de pétrole brut explose à Lac-Mégantic au Québec, détruisant le centre-ville, tuant 47 personnes. Voici mon hommage aux sinistrés.

N'oublie jamais que j'étais là pour toi
Les jours de chaleur, les jours de froid
J'étais le soleil de tes jours de pluie
L'arc-en-ciel qui ornait ton ciel de suie
Je t'ai aimé(e) tous les jours, toutes les nuits
D'un amour qui était plus fort que le bruit
Bien plus fort que le plus fort des trains mauvais
Pour cet amour qui doit survivre aujourd'hui
Ne m'oublie jamais!

N'oublie jamais tous les beaux jours d'autrefois
Ceux d'avant que je parte sans un pourquoi
J'étais si bien dans le confort de tes bras
Les mots d'amour, tu me les disais tout bas
Un train m'a pris, je n'avais pas de billet
Je ne savais pas même où il s'en allait
Il a soufflé sur nos amours un vent frais
Mais nous a-t-il séparés pour de vrai?
Ne m'oublie jamais!   (SUITE...)

N'oublie jamais que j'étais là pour toi
Dans les jours tristes et dans les jours de joie
De mon départ, qu'est-ce qu'on a appris
Que l'amour n'offre aucune garantie
Le pire arrive et l'on ne peut rien y faire
Quelle est la raison de ce terrible enfer?
Au moment où le train calcinait ma vie
J'aurais voulu te dire combien je t'aimais
Ne m'oublie jamais!

Je n'oublierai jamais le son de ta voix
Pas plus que la caresse de tes doigts
Je n'oublierai jamais ta douce folie
Pas plus que tous tes petits mots gentils
Je sais que l'été s'est changé en hiver
Et que tout ça te mettra tout à l'envers
Mais cet hiver ne sera pas si mauvais
Si de loin tu as entendu ma prière
Ne m'oublie jamais!

Je veux te le dire et te le crier
Continue de vivre, continue d'aimer
Mais tu ne dois jamais, jamais, m'oublier!

À qui la faute? (Septembre 2016)

J'avais, ce depuis ma naissance
Des projets, par cents et par mille
J'imaginais mon existence
Bien autrement qu'en vie tranquille
Je me voyais grand dans mon pays
Montant les marches une à une
Je courais même sur la lune!
Ah! Que de projets évanouis!
À qui la faute? À qui la faute?

Le temps qu'il fait sur Terre (Septembre 2014)

Il fait honte sur Terre
Il fait grande misère
Il fait pauvre; il fait froid
Il fait surtout effroi
Il fait chaud, c'est l'enfer
Il fait boulets de fer
Il fait armes de guerres
Il fait larmes de guerres
Il fait bruits qui atterrent
Et des morts qu'on enterre
Il fait grande fureur
Il fait grands führers
Il fait dictateurs
Il fait décimateurs
Il fait obus en fonte
Il fait murs de la honte
Camps de concentration
Camps de déportation
Il fait camps surpeuplés
Il fait fils barbelés
Il fait camps de mouvants
Qui se sauvent en courant
Et qui vivent en mourants
Qui meurent en rang
Et le plus désespérant :
Tout ça dans l'indifférence
Et dans l'oubli... ↱

Il fait honte sur Terre
Il fait enfants qui errent
Enfants sans père ni mère
Et enfants qu'on enferre
Il fait enfants esclaves
Enfants qu'on déprave
Il fait trafic d'enfants
Et jeunes délinquants
Il fait gangs de rue
Espérance disparue
Pornographie infantile
Pédophilie mercantile
Il fait intimidation
Il fait dépressions
Et il fait suicides
Il fait infanticides
Il fait enfants malades
Soignés à la grenade
Il fait enfants affamés
Il fait enfants armés
Il fait enfants du sida
Il fait enfants-soldats
Il fait enfants qui meurent
Bien avant leur heure
Et le pire dans cette horreur
Tout ça dans l'indifférence
Et dans l'oubli...

(SUITE...)

Il fait honte sur Terre
Il fait gaz délétères
Il fait effet de serre
Et futur qu'on enserre
Il fait cupidité
Il fait stupidité
Serres d'oiseaux de proie
Il fait machines qui broient
Machines qui ahanent
Machines qui boucanent
Il fait machines qui pètent
Réchauffant la planète
Il fait marées noires
Océans-urinoirs
Il fait pollution
Et déforestation
Poisons qui contaminent
Poissons qu'on extermine
Il fait OGM
Et climats extrêmes
Écosystèmes ravagés
Il fait grand-danger
Pour dix mille espèces
Qui disparaissent
Dû à notre paresse
Tout ça dans l'indifférence
Et dans l'oubli...

Je voulais connaître la météo
J'ai donc allumé la radio
Partout on répète la même chose :
Que l'avenir est loin d'être rose
Qu'il y aura aussi des tempêtes
Qui nous tomberont sur la tête
Et que, tannés ou pas tannés
On en aurait pour des années...

Si rien n'est fait, ce sera pire
Éclateront bien des empires
Qui ne voient que leur bout de nez
L'homme et la nature, abandonnés...
Aujourd'hui, je me suis levé
Partout, tout semble s'aggraver
Il est difficile pour moi de me taire
Maintenant, il n'y a plus de mystère :
Voilà le temps qu'il fait... sur Terre!

Intersidéré! (Avril 2013)

Regard désabusé d'un voyageur de l'espace découvrant ce qui se passe sur la Terre

Je viens de l'espace intersidéral
D'une planète qui ne connaît pas le mal
D'où je viens, il n'y a que la paix et l'amour
Pas de fous, de voleurs ni de vautours
Rien que du bon monde
Sur mon monde

Je viens d'arriver dans votre voie lactée
Je vois – déjà! – votre belle planète bleutée
Ah! Comme vous devez tous être heureux d'y vivre!
Je me rapproche encore un peu... histoire à suivre...
Je vous envoie une sonde
J'attends qu'on me réponde...

La sonde est revenue détruite par vous
Grande fut ma surprise oh! oui, je l'avoue!
J'ai pu quand même y voir à travers les débris
Des images d'horreur, des paysages tout gris...

J'ai pu aussi entendre des millions d'enfants
Crier leur famine sous un ciel étouffant
Comment se fait-il qu'un astre si beau
Se retrouve aujourd'hui en milliers de lambeaux?

Je viens de l'espace intersidéral
Où nulle planète ne sait ce qu'est le mal
Tout partout, il n'y a que la paix et l'amour
Pas de fous, de voleurs ni de vautours
Rien que du bon monde...
Pourquoi pas sur votre monde!?!

Votre monde, il se meurt, dés-ozonisé
Par bombes et usines, tout carbonisé
Son délabrement me crève le cœur
Je crois voir mourir une planète sœur

Je voudrais vous aider mais je ne sais que faire
Ni par où commencer, tout y est à refaire
Pour faire ce qu'il faut, je n'ai pas assez de mains
Car il faudrait implanter un vrai cœur aux humains

Je m'éloigne au plus vite de votre voie lactée
Toujours en quête d'une autre planète habitée
J'ai bon espoir que cette fois sera la bonne
Car dans l'espace, il n'y a que la Terre qu'on empoisonne
Et son point de non-retour
Est au prochain carrefour

Je viens de l'espace intersidéral
Hanté par tous ces cris, par tout ce mal
J'ai beau chercher, il n'y a pas raison d'espérer
Que Dieu vous vienne en aide, miserere
Et devant tout ça, moi
Et devant tout ça, moi,
Moi je suis…

…INTER-SIDÉRÉ!

Tout peut *(-il encore)* changer *(?)*

Confrontés à une crise qui menace notre survie en tant qu'espèce (c'est-à-dire le réchauffement de la planète), nous persistons avec zèle dans les activités mêmes qui l'ont provoquée. — **Naomi Klein**

Ma vie en Syrim (Mai 2016)

Syrim o

Je suis né en Syrim, en zone de guerre
Pourquoi pas aux États-Unis ou en Angleterre?
Qu'ai-je fait de mal pour naître en Syrim
Ai-je commis un crime?
Moi, j'aurais bien aimé naître où l'on joue
Mais, qui choisit qui naît où?

Première Syrim

Un!

Deuxième Syrim

Chanceux :
An deux

Troisième Syrim

Année trois :
C'est, déjà
Un exploit

Quatrième Syrim

Dans mon pays
Où l'on se bat
Quatre ans de vie :
Action d'éclat!

Cinquième Syrim

Un tout autre éclat
Tiré de bien loin
Made in **US**ine* inc.
Comme un coup de poing
M'a pris mon an cinq

Sixième Syrim

Je n'aurai pas six ans!

*USine (lire «iousine») : usine des USA et usine de l'Union Soviétique

Si la nuit de Noël (Novembre 2014)

Imaginons que chaque flocon de neige est un rire d'enfant...

Des enfants sur la Terre
En haillons délavés
Vivent un effet de serres
Et dorment sur les pavés

Je prie l'étoile du ciel
Inlassable vigie
Et phare de l'essentiel
D'illuminer le monde d'un peu de magie

Si la nuit de Noël
Tous les flocons de neige
Devenaient ribambelle
De trois milliards de rires en arpèges

Pour un enfant heureux
Un ne peut que rêver
Et implorer les cieux
Plein d'espoir qu'un bonheur
Va arriver

Y a-t-il assez d'amour
Dans ce monde où l'on vit
Pour qu'on le voie un jour
Sans enfants qu'on maltraite
À qui l'on donne un fusil
Sans enfants qu'on regrette
Sans enfants qu'on oublie...
Çà et là sur Terre!

Y a-t-il assez d'amour
Dans ce monde où l'on vit
Pour qu'on le voie un jour
Sans enfants qu'on malmène
Sans enfants affamés
Sans futur qu'on aliène
Sans enfants mal-aimés

Oui, pour espérer qu'un jour
Tous les enfants se réveillent
Dans la paix tout autour
Qu'ils jouent, qu'ils s'émerveillent
Volent en éclats de rire en arpèges
Comme des flocons de neige!

L'intelligence (Septembre 2016)

Un jour, on trouva sur une autre planète de l'intelligence
L'homme y envoya des machines pour en rapporter d'urgence!

Le bonheur (Février 2016)

Le bonheur est chose fragile
Et aussi tendre qu'une fleur
Le conserver n'est pas facile
Il se sauve à la moindre peur

Le bonheur est chose infidèle
Craint la routine de la vie
Il peut se passer de modèle
Il ne restera là que s'il en a envie

Le bonheur est chose aléatoire
Vient tel un oiseau sur la branche
Quand on l'a enfin dans son histoire
Ce jour-là est comme un dimanche

Le bonheur est chose étrangère
Il n'est pas ce que l'on a cru
On l'attend et se désespère
Puis il survient comme surviendrait un intrus !

Le bonheur est chose fragile
A les effluves d'une fleur
Ses émanations volatiles :
À saisir quand on en a l'heur

Le bonheur est chose éphémère
Meurt aussi vite qu'il a crû
À la fin de mon chant, j'espère :
Que mon bonheur à moi ne soit pas disparu !

Ne me dis surtout pas (Inédit - Février 2018)

Ne me dis surtout pas
La Terre est un jardin
Je vois à chaque pas
Qu'il n'y pousse plus rien

Ne me dis surtout pas
Je vois le ciel azur
Car ce n'est plus le cas
À travers les ordures

Depuis que l'homme vit
Il salit, il pollue
Et le banquier se rit
Des signes qu'il a lus

Ne me dis surtout pas
Que tout s'arrangera
Et qu'il ne suffira
Que d'un mea culpa

Ne me dis surtout pas
Que le monde va mieux
Tout le mène au trépas
Lui qui n'est pas si vieux

Ne me dis surtout pas
Je vois des éclaircies
Qu'on n'est pas ici-bas
Pour se faire du souci

Depuis que l'homme existe
Le beau devient hideux
Le joyeux devient triste
L'avenir, hasardeux

Ne me dis surtout pas
Que tout s'arrangera
Et qu'il ne suffira
Que d'un mea culpa ♪

Ne me dis surtout pas
La Terre est un enfant
Quand il meurt sans repas
Ou au bout de son sang

Ne me dis surtout pas
La Terre est une femme
On viole ses appas
À la pointe de lame

Depuis que l'homme est homme
Mené par ses instincts
Il est bête de somme
Et sa femme, putain

Ne me dis surtout pas
Que tout s'arrangera
Et qu'il ne suffira
Que d'un mea culpa

Ne me dis surtout pas
Ce n'est pas de ma faute
C'est la faute à papa
Celle de tous les autres

Ne me dis surtout pas
Moi, je m'en fiche un peu
S'il y a fumée là-bas
Je ne vois pas le feu

Un homme à la télé
Démontre chaque soir
Par preuves amoncelées
La Terre est un foutoir!

Ne me dis surtout pas
Que tout s'arrangera
Et qu'il ne suffira
Que d'un mea culpa (SUITE...)

Ne me dis surtout pas
Que je suis dans le champ
Que je fais un faux pas
En vous offrant ce chant

Ne me dis surtout pas
Qu'il n'y a rien à faire
Qu'on est rendu trop bas
Pour sortir de l'enfer

Recherchés, hommes sages
Personnes de raison
Que rien ne décourage
Un lys comme blason

Ne me dis surtout pas
Que tout s'arrangera
Et qu'il ne suffira
Que d'un mea culpa

Jean-Pierre Ferland (24 juin 1934)
(Inédit - Mars 2018)

Jennifer, Lise, Simone et Isabelle
Courtisanes et immortelles
À chacune, j'ai dit : «T'es belle»!

Qu'êtes-vous devenues mes femmes?
Je vous ai pourtant offert des fleurs de macadam
Ah, si j'avais su parler aux femmes...

À toi, Marie-Claire, ma Marilou
Je t'envoie ce doux billet doux
Car je sors de Sing-Sing et je reviens chez nous!

Oui! Une chance qu'on s'a! T'es mon amour, t'es ma maîtresse
De Ste-Adèle PQ, le petit roi du show-business

Cruelle Énéra (NRA) (Inédit – mars 2018)

Je fabrique des tueries, des meurtres et des suicides
Je compte à mon actif quelques guerres et génocides
Mon rêve ultime est la disparition du genre humain
L'arme est prête et chargée, un fou sera nommé demain...

La mère de toutes les bombes? (Inédit - Avril 2017)

**Jeudi, 13 avril 2017 : les USA ont largué une bombe subatomique sur l'Afghanistan (Province de Nanhgarar) contre l'État Islamique. La bombe se nommait MOAB pour Massive Ordnance Air Blast bomb
Les soldats, eux, l'appelaient : Mother of all bombs (MOAB)!**

Une mère, ça met au monde
Ça nourrit, caresse et cajole
Une mère au pire, ça gronde
Mais ça protège, ça console

C'est une insulte faite aux femmes :
Nommer un missile qui tombe
Qui blesse et qui tue dans les flammes
La mère de toutes les bombes?!?

On peut comprendre à la rigueur
Qu'on zigouille des djihadistes
Mais je dénonce avec vigueur
Qu'une bombe soit «mère», Christ!

Il y a là une indécence :
Qui dirait, yeux au firmament
Sauf atteint d'une déficience
«Cette bombe-là, c'est maman!»

Un jour, on a volé l'engin
Qu'on rejeta sur le voisin
Le titre américain du jour?
«Enfin, Mom, tu es de retour!»

Pouvoirs (Inédit – octobre 2017)

D'où vient à l'humain le désir de dominer?
J'ai écrit humain en pensant surtout aux hommes
Qui ont, dans le corps, un gène contaminé
Lui est bête, les autres sont bêtes de somme

Je m'explique : ce serait la loi de la nature
Celle du plus fort que le plus faible endure
Qui donnerait la caution de normalité
À toutes ses conneries et bestialités

Toute l'évolution de la vie le dirait :
Ici, j'esquisse, je ne brosse qu'à grands traits
Le lion dévore la brebis, l'oiseau la mouche
Le chat joue avec la souris, puis, hop, en bouche!

Un jour naquit cet animal étrange, l'homme
Imprégné du pire atavisme du primate :
Se croire le nombril du monde est son stigmate
Non, elle n'a pas chu loin de l'arbre, la pomme!

Je crois qu'il y a dans tout ça beaucoup de vrai
Et, pour la suite des choses, en y réfléchissant
Une fois séparé le bon grain de l'ivraie
Il y a femmes et enfants, et les puissants

Laissez-moi vous raconter l'histoire du monde
Dans toute sa beauté, dans toute sa laideur
Il y a de belles choses, d'autres immondes
Qu'il faut savoir, si on veut vraiment savoir l'heure

(SUITE…)

Depuis la nuit des temps, on répète aux garçons
Qu'ils sont les privilégiés de la vie, l'élite
Il leur est aisé de retenir la leçon
Puis, de passer de la parole aux actes, vite

On les élève en seigneurs du Moyen-âge
Ayant droit de cuissage, de vie et de mort
On les voit donc pavoiser dès leur plus jeune âge
Femmes et filles laissées à leur triste sort...

...Celui de servante, d'esclave, ou de putain
Sur qui le maître peut, en loi, lever la main
Personne ne lui fera nulles remontrances
Car il est grand maître, pour toutes les instances

Lors, tout est en place pour la domination :
Un père, alors, abuse de sa fillette
Et ce, pour assouvir sa déviante passion
Elle se taira, terrorisée et inquiète

Lorsqu'un prêtre prononce vœu de chasteté
Tous espèrent bien sûr que c'est par charité
Qu'il abritera la brebis sous sa soutane
Et non pour tirer un coup de sa sarbacane

Le chef, le seigneur, le prince, le roi, le tsar
Qui sont censés mener avec intelligence
Se font salauds, assassins, violeurs et pillards
Nulle ère ne pouvant esquiver cette engeance

Tous ces gens disent : c'est un art se faire craindre
Abuseur, abusé : qui est le plus à plaindre?

I am dreaming (April 2013)

Chanson inspirée par les belles chansons des Moody Blues.

I am dreaming from time to time
Of a world that cannot be
Of a new world with no crime
Where the people are glad and free

I was dreaming late last night
Of a place of tenderness
Of a place where is no fight
Of a place of gentleness

The perfect world, it cannot exist
Nowhere but in your dreams
To love, men's black hearts still resist
So the poor and the weak, they still scream

I am dreaming from time to time
Of a world that cannot be
Of a new world with no crime
Where the people are glad and free

I was dreaming late last night
Of a place of brotherhood
Guided only by the light
Where live only men of good

I am dreaming from time to time
Of a world that cannot be
Of a new world with no crime
Where the people are glad and free
I know it cannot be, but...
Let me dream that one day it will be!

Everlasting nights in white satin (November 2013)
Une 2^e chanson hommage aux Moody Blues.

Nights, nights of pain, of cries and tears
Nights of haunting ghosts and fears
Nights of disillusion
Of never ending fights

Words, words of disgrace, words of shame
Words that say fights bring all fame
Words of fanaticism
Nasty words of war... for all

Someday,
You'll see no more domination
Yes, someday
You'll find no more desperation

Pray for those who live in complete slavery
Pray for those who live in complete misery
Pray for all those who are melancholy men
They are asking why they're stuck in such a den

Pray for those who're living for to pick up the fallen crumbs
Pray for those that never find shields from the falling bombs
Pray for those who're asking why they're stuck in such a mess
Wondering if there is a way out of the darkness

Nights, nights of hopes and full of dreams
Sailing optimistic streams
Nights of reconciliation
Leading peoples toward light

(SUITE...)

Words, words of wisdom, words of love
Hunting clouds in the sky above
Words of liberation
And true words of peace... for all

Someday, you'll feel no more humiliation
Yes, someday, everyone will learn compassion

Where some are pouring out sad seeds of discord
Hundred millions join together, begging blessings from their Lord
They're questioning the balance of power, fame and richness
As every good boy deserves this favor: happiness

They are feeling a brand new dawn of peaceful times
Learning to sing as one and speaking words that all rhyme
Searching for a perfect chord that would agree to all men
And to their children's children's children's children

Hope we will see all the nations of the Earth
Those who hurt along with all those who are hurt
Razing down the wall of shame piece by piece
And smoking in turn a fairly pipe of peace

Peoples are getting on towards brand new horizons
Where they'd be walking on as free men with their sons
Where they'd be living as only one people, out and in
Living forever... everlasting nights in white satin...

C'est ça la vie! (Septembre 2016)

C'est ça la vie, la vie sur Terre
Vie de roi, l'autre de misère
L'un se sert quand l'autre se serre
L'oasis se gagne en désert

Las! Le pain du second est pierre
Ou miettes du premier par terre
Demain, car cela, c'était hier
Partageons, nous sommes des frères!

DES FLEURS ET DES ÉPINES – FINALE

Hallelujah! (May 2013)

My life was nothing but sorrow and pain
Was I invoking your name in vain?
Hallelujah!

All of a sudden you appeared to me
Crowned with a halo so bright and beamy
Hallelujah!

An unforeseen thing is going to happen
You'll take me with you in your dear heaven
Hallelujah!

I'm so glad it's me you have chosen
Cause at first we were seven times seven
Hallelujah!

I feel like I've won the lottery
Thank you for having changed my history
Hallelujah!

My future is in your eternity
You make me feel a piece of infinity
Hallelujah!

Où est l'amour? (Septembre 2016)

Où est l'amour?
Sous les décombres de la guerre…

Que fait l'amour?
Pour l'instant, il se tait et se terre…

BONUS – Poèmes des 3 couvertures de dos

La vie? Que des fleurs et des épines! (Octobre 2016)

Amour, amitié, joie, confiance, gentillesse...
Haine, peur, folie, crainte, trahison, tristesse...
Je dis que la vie est une grande émotion
Qui les englobe toutes, belles comme laides
Chacun, de son vivant, y puise sa ration
La Vie survit, intacte, quand chacun décède
La Vie? Toujours la même grande émotion!

Les couleurs de la vie (Janvier 2017)

Les couleurs rose et bleue des bébés qui naissent
Deviennent rouge cœur qui aime ou qui se blesse
Toute la vie, on se drape de vert espoir
Pour traverser chaque jour et survivre aux soirs
On marche, plus on court, pour de l'or et de l'argent
Pour en voir la couleur, certains dupent les gens
Le blanc, la couleur chérie des «Oui, je le veux!»
Au fil des ans, devient couleur de nos cheveux
Le noir vient, trop tôt, assombrir la vie de pleurs
Et clore le destin de chacun, à son heure...

Aujourd'hui et Demain (Avril 2017)

J'étais en toi, Aujourd'hui
Merci pour tes gazouillis d'oiseaux
Merci pour la caresse de ta brise
Merci pour ton eau fraîche
Merci pour tes fruits savoureux
Merci pour tes arômes sublimes
Merci pour ta lumière éclatante
Merci pour tes couleurs chatoyantes
Bientôt, tu seras Demain...
Je t'en prie, laisse-moi être en toi, Demain!

Un autre printemps ! (Inédit – Mars 2018)

Un autre printemps s'offre à moi comme un cadeau
Je verrai donc neige fondre sous chaud soleil
Le retour de la blanche oie et du noir corbeau
Et le volètement de l'hésitante abeille

Je verrai aussi fleurs et bourgeons s'épanouir
Le jour, rayonner plus, et la nuit, s'évanouir
Je humerai fragrances mixtes printanières
La vie et l'eau couleront en fraîches ornières

Je les verrai toutes ces choses admirables
Ramenées par le divin Artiste du Temps :
Quoi, j'ai évité de très peu l'irréparable !
J'ai droit à un soixante-sixième printemps !

Une chanson triste (Inédit – Septembre 2018)

Une chanson triste
Si triste à pleurer
Que chantait l'artiste
Tant de mal à déplorer
Et tout ce qui attriste

Une chanson de larmes
Une chanson de morts
Haro sur les gens d'armes
Qui n'ont pas de remords
De semer partout la mort

Une chanson de veille
Pour passer le temps
Douce-amère à l'oreille

Pour ces trop jeunes faons
Un lion leur a volé le temps

Une chanson d'amours
D'amours chancelantes
Trop fragiles amours
Qui appellent au secours
Au temps des heures lentes

Une chanson douce
Douce comme le vent
Un vent doux qui me pousse
Dans le couloir du temps
Inexorablement...
Inexorablement!

VIVRE

SOUFF  RIRE

MOURIR

Recueil no 2

Encore des fleurs et des épines!

Un second recueil de chants et de poésie

Textes inédits

En bas de chez nous	page 131
Sparkles in your eyes	page 158
Entropie ou néguentropie?	page 159
Certitude/incertitude	page 160

© 2017 Luc A. Granger (Éditions du Ch'min Hemming)

Edition : BoD – Books on Demand
12/14 rond-point des Champs Elysées
75008 Paris

Imprimé par BoD – Books on Demand, Norderstedt
ISBN : 978-2-3221-3765-7
Dépôt légal : Janvier 2017 (Pour la première édition)

Je dédie ce recueil à mes quatre filles : Émilie, Évelyne, Élyse et Caroline, ainsi qu'à tous mes petits-enfants.

Une pensée émue pour les membres de ma famille, vivants ou décédés, qui m'ont inspiré le chapitre «*La vie des miens*» du présent recueil.

Encore merci au monde pour m'avoir inspiré la plupart des chants et des poèmes de ce recueil avec l'espoir qu'il fera des efforts pour s'améliorer un tant soit peu!

TABLE DES MATIÈRES

VIVRE – SOUFF 🐘 RIRE – MOURIR

Et si la Terre se mourait?	page 89
Anticosti en danger de mort	page 90
Vis ta vie merde!	page 91
Je t'aime à mort! Je te hais à vie!	page 95
Des enfants jouets	page 95
Une vie de rêve	page 96
Oui, la mort est garantie	page 97
Vie de fourmi	page 98
L'homme, plus fort que Nature	page 99
Le prix d'une vie	page 100
Vie de fleur, vie d'abeille	page 102
La cour des anges	page 103
Il faut aimer toutes les fleurs	page 104
Le Bien vs le Mal	page 106
L'enfance heureuse	page 107
Dérapage	page 109
Vent d'espoir	page 110
Juste un peu de nous	page 110
Cette fille a changé ma vie	page 111
La liberté est morte	page 112
À vos armes, il faut tuer la guerre	page 113
La mort d'un poète	page 114
L'Inspiration	page 116
Mon voisin gonflable	page 118
Il était une foi...	page 119

LA VIE DES CHANTS

La star de ma vie	page 120
Je n'ai fait que chanter	page 121
Je chanterai pour lui	page 122
Une tonne d'amour	page 124
L'amour brut	page 126

LA VIE DES MIENS

La vie de Joseph	page 127
Tout en pensant à Lorraine	page 129
Toune d'automne pour Chantal	page 131
Chantal libérée	page 134
Thérèse et Maurice	page 135
Pierrette et Lucien	page 139
Agathe? Une perle!	page 140

UNE VIE DE... STARR
(Belle Starr, la Reine Hors-la-loi - the Bandit Queen - L'Amazone de l'Ouest)

Préambule – La guerre de Sécession	page 141
Le tonnerre des canons	page 141
Maybelle	page 142
Mon premier amour : Jim Reed	page 143
Me voilà Starr avec Sam	page 145
Un vol de bétail - Un procès - En prison	page 146
L'Amazone de l'Ouest	page 147
Que sont mes enfants devenus?	page 148
La mort de Sam dans un «gunfight»	page 149
Toujours Starr avec Jim July Starr	page 150
Une balle dans le dos	page 151
Épitaphe	page 152
Déclaration de Belle Starr	page 152

L'AVENIR, MAIS QUEL AVENIR?

Mes vœux pour un an prochain	page 153

DES FLEURS ET DES ÉPINES – DERNIÈRE

Le monde est merveilleux	page 155
Ode à la dernière baleine	page 156

Allez, bouge!

La Terre bouge, la Galaxie bouge, toutes les étoiles bougent
Et toi, tu resterais là, couché, prostré, immobile dans ton bouge

VIVRE – SOUFF 🎭 RIRE – MOURIR

Et si la Terre se mourait? (Novembre 2016)

La Terre...
Ce fleuron du Cosmos
Est une planète magnifique, unique peut-être
Principalement verte et bleue, les couleurs de la Vie
De la vie telle que nous la connaissons
Elle est peuplée de gens qui naissent
Plusieurs dans des conditions favorables
Mais plus encore dans des conditions défavorables
Ou plutôt défavorables
Des gens qui vivent vraiment, d'autres qui vivotent
D'autres encore qui ne font que survivre
Et puis tous ces gens qui cherchent le bonheur
Au cours de leur vie, peu importe sa durée
Meurent après avoir vécu
Vivoté ou tout simplement survécu!

La Terre...
Est un monde partagé entre l'amour et la haine
Un monde de bons et de méchants, de doux et de forts
Les méchants étant trop souvent trop forts
Et les bons trop souvent trop doux

Un monde...
Plein de gens qui s'amusent et rient un peu
Qui souffrent et pleurent beaucoup plus encore

Un monde...
Dans lequel la nature est foncièrement généreuse
Et que les bêtes et les hommes ont réussi à apprivoiser
Mais une nature qui, à l'occasion, leur fait la vie dure
Aux hommes et aux bêtes!
Depuis le début, en 1945, de l'ère que l'on dit «anthropocène»
Ce sont les hommes qui lui font, à la nature, la vie dure :

Une partie ce qu'elle a mis des millénaires à créer
A été détruite en moins d'une génération d'humains!
La Terre est désormais en péril de mort!

La Terre?
Un monde végétal et minéral parcouru
Par des bêtes et par des hommes
Mais dans lequel aucune bête n'a vraiment le mauvais rôle
À moins que la bête en question ne soit justement...
Un homme!

La Terre...
Mourra-t-elle d'avoir engendré et hébergé l'espèce humaine?
De l'espoir et du découragement...
Des fleurs et des épines...
Eh oui! Encore!

Anticosti en danger de mort? (Décembre 2016)

C'est aujourd'hui que le gouvernement donne le feu vert
Aux foreurs pétroliers; voilà, un bar est grand ouvert!
On enfonce de longs tubes dans le sol de l'île Anticosti
Et l'on fouille à fond les entrailles de la vierge pervertie
Pour en faire jaillir l'or noir sale si cher à l'économiste

Mais il y a un autre adversaire, un challenger, sur ce ring
Où tous les coups sont permis; voilà, la cloche fait ding...
Sont rassemblés les chevreuils, spectateurs incrédules
Des dévastateurs coups de poing des immenses bidules
Pourra-t-il arrêter le massacre annoncé, leur ami écologiste?

La lutte est inégale car, bien sûr, le combat est arrangé
D'un côté, les pétrodollars, de l'autre, un pseudo-danger?...

J'avais écrit le texte qui précède en prétendant que les pétrodollars réussiraient à «entuber» littéralement la belle île vierge et symboliquement les écologistes qui voulaient la protéger. Je me suis trompé : l'exploration et le forage ont été arrêtés à l'été 2017. Au final, il semble que les entubés soient encore tous les québécois et québécoises qui devront assumer la majeure partie des coûts de cette foire aux erreurs.

Vis ta vie, merde! (Novembre 2016)

Vis ta vie, merde!
Avant que tu la perdes
Vis ta vie, criss!
Avant que l'on t'enfouisse
Vis ta vie avec cœur
Avant que tu meures
Vis ta vie avec grandeur d'âme
Avant de brûler dans les flammes
Vis ta vie de concert
Avant que l'on t'enterre
Vis ta vie émancipé
Avant d'être RIP
Vis ta vie sans amertume
Avant que l'on t'inhume
Vis ta vie de main de maître
Avant de disparaître
Vis ta vie sans disputes
Avant la grande culbute
Vis ta vie, fort et fier
Avant de dormir dans ta bière
Vis ta vie sans maudire
Avant que tu chavires
Vis ta vie sans bisbille
Avant que tu vacilles
Vis une vie de choix
Avant que tu te noies
Vis ta vie avec délices
Avant que tu périsses (SUITE...)

Vis ta vie sans roupiller
Avant de perdre pied
Vis ta vie sans hypocrisie
Avant de sentir le moisi
Vis ta vie et t'enivre
Avant de cesser de vivre
Vis ta vie emballé
Avant de t'en aller
Vis ta vie sans calomnier
Avant le jugement dernier
Vis ta vie avec vertu
Avant d'être abattu
Vis ta vie pour chérir
Avant de périr
Vis ta vie sans orgueil
Avant de tourner de l'œil
Vis ta vie sans être fat
Avant la vallée de Josaphat
Vis ta vie et prête main-forte
Avant que l'on t'emporte
Vis ta vie tout en sourires
Avant que tu expires
Vis ta vie et aime tes congénères
Avant qu'on t'incinère
Vis ta vie sans enseigne
Avant que tu t'éteignes
Vis ta vie, diurne et nocturne
Avant d'être dans l'urne
Vis ta vie sans courroux
Avant de te retrouver dans le trou (SUITE...)

Vis ta vie sans malice
Avant qu'on t'ensevelisse
Vis ta vie d'équerre
Avant d'être six pieds sous terre
Vis ta vis et sois un havre
Avant de devenir cadavre
Vis ta vis bouche bée
Avant d'être un macchabée
Vis ta vis, vite, grouille
Avant d'être une dépouille
Vis ta vis comme une colombe
Avant d'être dans ta tombe
Vis ta vie, joue toutes tes cartes
Avant que tu partes
Vis ta vie en virtuose
Avant que tu te décomposes
Vis ta vie sans regret du passé
Avant de trépasser
Vis ta vie en philosophe
Avant qu'arrive ta catastrophe
Vis une vie généreuse
Avant qu'arrive la Faucheuse
Vis ta vie sans glaive
Avant que tu crèves
Vis ta vie dans la paix
Avant ton décès
Vie ta vie sans guerre
Avant d'être six pieds sous terre
Vis ta vie sans substitut
Avant que la vie te tue (SUITE...)

Vis ta vie sans calvaire
Avant d'être rongé par les vers
Vis ta vie sans moufle ni pantoufle
Avant ton dernier souffle
Vis ta vis entièrement
Avant ton enterrement
Vis ta vie, pas comme un robot
Avant d'être dans un tombeau
Vis ta vie avec un nimbe
Avant de te retrouver dans les limbes
Vis ta vie en clins d'œil
Avant d'être dans ton cercueil
Vis ta vie et ne tarde
Avant que vienne la Camarde
Vis ta vie en express
Avant d'aller ad patres
Vis ta vie et piaffe
Avant qu'on écrive ton épitaphe
Vis ta vie, le temps presse
Avant ton «Ite missa est»
Vis ta vie, criss!
Avant qu'elle ne finisse
Vis ta vie, vite agis!
Avant d'être dans la nécrologie
Quand on pourra y lire ton «ci-gît»
Elle sera cassée ta corde de bungee
Et il sera trop tard pour vivre ta vie
Puisqu'on te l'aura ravie!

Avant que tu la perdes
Dis, la vis-tu ta vie... Merde?!?

Je t'aime à mort! Je te hais à vie! (Novembre 2016)

Je connais quelqu'un qui disait : «*Je t'aime à mort!*»
Voulant dire par là : «*Je t'aime tellement!*»
Semant bonheur, félicité autour de lui
Un autre qui disait : «*Moi, je te hais à vie!*»
Signifiant : «*Tu mourras, j'en fais le serment!*»
Guerroyant, tuant, assassinant, sans remords

C'est ainsi que la vie, la mort, l'amour, la haine
Se côtoient, s'entremêlent et se confondent
Dans les haines clémentes et les amours immondes
Tout coexiste, mais on distingue avec peine
Quand l'amour éconduit devient insupportable
Ou quand la haine exacerbée se fait aimable

Les nouvelles nous montrent des amours qui tuent
Et des ennemis mortels qui, eux, se saluent!

Des enfants jouets (Décembre 2016)

Je veux ici vous raconter une histoire vraie
Désolante, horrible, donc difficile à croire
On n'en connaît pour l'immédiat que les grands traits
A-t-on déjà vu pareille saleté, de mémoire?

Eh oui! Il y a sur Terre des parents assez veules
Pour utiliser leur enfant de moins de sept ans
Dans leurs jeux d'adultes, comme amuse-gueule
Comme poupée gonflable, comme passe-temps

Et une fois l'œuvre parentale achevée
Ils poussent l'ignominie à son paroxysme
En le prêtant à d'autres parents dépravés
Qui proposent le leur comme en échangisme (SUITE...)

Mais fort heureusement, cela se sut un jour
On arrêta donc les deux couples proxénètes
On retrouva bientôt tout ce beau monde en cour
L'air béat, comme venant d'une autre planète

Ils ont tous les quatre plaidé non coupables
Tout étonnés qu'on ne fît pas partout comme eux
Oseront-ils dire au juge, ces misérables
Qu'ainsi, ils voulaient rendre leurs enfants heureux?

Que reste-t-il des enfants, de leur innocence?
N'avaient-ils droit eux aussi à une vie belle?
Leurs parents ont perverti leurs ébats d'enfance
En les faisant jouets de leurs jeux de poubelle...

Une vie de rêve (Novembre 2016)

J'en ai fait des rêves tout au long de ma vie :
Je me voyais devenir star, devenir riche
J'étais si jeune en ce temps, une terre en friche!
Et tant de choses qui me faisaient grand-envie :
Il m'aurait plu de devenir chanteur de charme
Qu'on applaudit debout les yeux remplis de larmes
Ou écrivain célèbre, danseur tout étoile
Peindre l'œuvre maîtresse qu'un jour on dévoile
Réaliser un exploit avec tant d'éclat
Que, dès qu'on me verrait, on crierait : LE voilà!

Je conduisais Porsche, Cadillac ou Mercedes
Car, bien sûr, dans mes rêves, je roulais sur l'or
C'est ainsi qu'il se doit quand on a fait florès
Je m'habillais chez Cardin, Gaultier ou chez Dior
Déjeunais chez Bernardin, dînais chez Fouquet
Offrais à ma dulcinée, splendides bouquets (SUITE...)

Ou riches parures de chez Birks ou Tiffany
Ma vie coulait en opulence, en harmonie
«*L'argent ne fait pas le bonheur*», répète-t-on
Mon rêve se plaisait à ruiner ce dicton!

J'avais bien quarante ans que j'en rêvais encor!
Dans mes songes commençaient à se préciser
Le lieu, le domaine, l'antre et son décor :
Oui, seule une île grecque pouvait me griser
J'y avais érigé castel démesuré
Avec meubles luxueux, personnel en livrée
Un grand salon en était la pièce maîtresse
Mon admirable égérie en était l'hôtesse
Nous n'y recevions que la crème et l'élite
Que ceux qui se parent d'argent ou de mérite

Ah! Devenir célèbre! Voilà le grand rêve!
Voilà le grand rêve que j'ai fait chaque jour
Que j'ai fait chaque jour, jour après jour, sans trêve
Pris dans ses griffes comme la proie d'un vautour
Porté par ce rêve, je suis resté couché...
Rêve et réalité doivent s'aboucher :
Pour réussir, il fallait faire un premier pas
Ce premier pas, je ne l'ai jamais entrepris
Malheur! J'aurai dormi ma vie jusqu'au trépas!
Oui, rêver, trop rêver a ravagé ma vie!

Oui, la mort est garantie (Décembre 2016)

On se targue d'avoir notre vie bien en main
Dans cette main, une garantie pour demain...
Oui, beaucoup ont cru à leur immortalité
Qui ont, trop tôt, fait face à leur fatalité

Vie de fourmi (Novembre 2016)

Je fonce vers ma destinée
À grands petits pas de fourmi
J'en ai fait cent mille aujourd'hui
Sur cette hostile terre minée

Tout à mon job, déterminée
Je cours le pays qui m'entoure
Pour rapporter, léger ou lourd
Taon, ver ou mouche pour dîner

Je suis fourmi si obstinée
Que rien ne peut m'arrêter, rien!
Ni chose, ni animal, ni terrien
Ni eau, ni sol contaminé

On m'a inondée, piétinée
Et j'ai pleuré, douté souvent
Malgré la pluie, malgré les vents
À l'effort, onc n'ai lésiné

Quel mérite ai-je? C'est inné
Ce besoin de tout réussir!
Et jusqu'à mon dernier soupir
Jamais n'aurai cabotiné

Au malheur, nul n'est confiné
Nul ne peut dire : «*C'est mon sort!*»
Il faut essayer jusqu'à la mort
Marcher vers le but, illuminé!

Car rien n'est vraiment terminé
Non! Tant que l'on tient à la vie! (SUITE...)

Beaucoup de ce dont on envie
Est faux, ou vain, ou combiné

Jeunes, trop souvent avinés
Oyez ceci : relevez-vous!
Vous voulez arriver au bout?
Oubliez grasses matinées!

Un objectif à s'échiner
Celui à hauteur de vos rêves
Marchez ferme vers lui, sans trêve
Marchez, marchez, disciplinés

Et quand tout sera terminé
On évaluera les efforts
Qui vous ont rapproché du port
De la victoire imaginée!

La morale, vous devinez?
Quiconque rempli de vaillance
Pèse autant sur une balance
Que fourmi qui a trottiné...

L'homme, plus fort que Nature (Décembre 2016)

Oui! Hélas! Dans plusieurs domaines, l'homme bat la Nature
Voici un exemple, pour bien montrer que la chose est sûre
Pensez aux temples de Grèce et tout le temps que ça Lui a pris!
L'homme, lui, a vite fait des ruines à Alep, en Syrie
Hier, la télé nous a montré plusieurs groupes de badauds
Lorgnant les immeubles décharnés, on les voyait de dos
Ils se sont retournés : oh non! Ce n'était pas des touristes
C'était les habitants d'Alep, découragés, immensément tristes!

Le prix d'une vie (Novembre 2016)

Je me posais la question : que vaut une vie?
La question, me semble-t-il, vaut d'être posée
Voici quelques réflexions que j'ai grand-envie
De partager avec vous, à tête reposée

Alors, commençons par le début, voulez-vous?
Comment définir la vie et son grand mystère?
D'où vient-elle? Quelle est-elle? Ah! Je l'avoue
Questions insolubles, même pour les experts!

Miracle de Dieu? Évolution naturelle?
On ne sait pas vraiment et, après examen
Quand il faut choisir, surgit toute une querelle
De mots, de cris, d'injures, armes à la main!

Il m'est plus aisé de parler effets que causes
Fournir arguments sur ce que j'ai vu ou lu
Les ayant mûris, peu à peu, à faibles doses
Les voici donc ceux que, pour vous, j'ai émoulus

Certains affirment toute vie inestimable
Qu'il faudrait en toutes occasions préserver
D'aucuns pourraient les croire bons et fort aimables
S'ils n'avaient noms : tyrans, despotes, dépravés

Qui croire en effet : l'homme d'affaires cupide
Qui compte ses sous oubliant de compter ses morts?
Propriétaire d'une usine à pesticides
Qui paie les salaires les plus bas sans remords?

(SUITE…)

Ou bien le curé du village, étroit d'esprit
Qui tyrannise ses ouailles au nom de Dieu
Le pape qui excommunie ceux qui mal prient
Et se sert de l'Inquisition pour faire mieux

Ou ce leader qui, au nom d'un égal partage
Fait mourir ses compatriotes par millions
Avec, au final, un plus profond décalage
Semant douleur et misère dans son sillon

Guerres, pogroms, massacres, exterminations
Sont le lot d'humains recherchant richesse et gloire
Ils sont grands, forts, honorés, parmi les nations
Au point qu'on ne voit qu'eux dans les livres d'histoire

Quand l'homme primitif découvrit la massue
Il s'en servit pour se nourrir et s'habiller
Il comprit aussi qu'un adversaire qu'on tue
Tue le conflit et temps perdu à babiller

Le bâton devint épée, fusil, puis canon
On créa l'arme ultime : la bombe atomique
Que d'autres hommes lancèrent sur le Japon
Juste pour voir si on la trouverait comique

Que vaut une vie? C'était la question posée
Sûrement pas le prix d'un enfant pour sa mère!
Face à ce monde fou, je me permets d'oser :
N'y a-il vraiment que l'homme mort qu'on vénère?

La vie? Que fait l'homme pour la protéger, dites?
Qui pourrait nier que l'humanité est maudite?

Vie de fleur, vie d'abeille (Novembre 2016)

Une vie n'est jamais sans valeur :
La fleur vit sa vie de fleur
Elle est, elle pousse, elle sent
Sait-elle qu'elle est, qu'elle pousse et qu'elle sent?
Bien malin qui pourrait le dire!
Mais peut-être bien l'abeille qu'elle attire...
L'abeille ouvrière vit sa vie d'abeille
Pleines de journées toutes pareilles
Elle est, elle vole, elle butine les fleurs
Sait-elle qu'elle est, qu'elle vole et qu'elle butine?
Mais, il y a cette fleur qui l'attend, cette libertine
Qui, de loin, l'a séduite de son odeur!

L'abeille, elle, de toute évidence, aime cette fleur
Elle a battu et rebattu des ailes
Volé sans compter les heures
Jusqu'à ce qu'elle voit l'élue de son cœur :
«Ma fleur, comme tu es jolie!
Je suis venue t'aimer à la folie!»
La fleur comblée et pas jalouse du tout
Lui propose ses sœurs d'ici et de partout
L'abeille va leur présenter ses hommages
Elle eût eu double tort de leur causer ce dommage!
Puis, ivre du butin recueilli aux cent gynécées
Elle s'en retourne au nid : *«Pour l'hui, c'est assez!»*

Pour sûr, il y a de l'amour entre elles
Et, de cet amour simple et pur qui sent le miel
Naîtront d'autres fleurs vermeilles (SUITE...)

Naîtront d'autres laborieuses abeilles
Qui continueront de s'aimer d'un amour éternel
Car ainsi va l'ordre des choses du Ciel
Les fleurs séduisent les abeilles
Et ces dernières leur rendent la pareille!
La fleur confie au vent l'arôme de son pollen subtil
L'abeille le recueille doucement sur l'ardent pistil
Le transporte et va l'accoler aux étamines
Mâles et impatientes des fleurs voisines

Pour sûr, l'abeille ouvrière
Ardente messagère
Confond truchement et amour
Qu'elle partage tout autour
Mais, comme un mirage, l'illusion lui sied :
Elle se jette chaque jour dans le doux guêpier!

La cour des anges (Décembre 2016)

Un beau jour, se réunit un groupe d'enfants
Dont l'âge moyen avoisinait les trois ans
L'autre point en commun qui, tous, les unissait :
Leurs morts abruptes par guerres, meurtres, forfaits

Nous, innocentes victimes, formant tribunal
Entendrons nos bourreaux comme en confessionnal
On veut savoir : que leur avions-nous fait sur Terre?
Chacun d'eux pourra fournir son argumentaire

Oyez tous! Car la cour des anges est ouverte!
Question un : qui a pu commander notre perte?

(SUITE...)

Étions-nous pour vous une si forte menace
Que vous deviez effacer de nous toute trace?

Deux : n'étions-nous que dommages collatéraux?
«Inévitables!» dites-vous aux généraux
Des enfants mourront, fut-il dit aux subalternes
C'est un prix à payer dans les guerres modernes

Question trois : Que vaut une nation, un état
Qui ne protège pas ses enfants dans les combats?
Que vaut également cette même nation
Qui tue ceux des autres? Même condamnation!

Vous pouvez bien arborer toutes vos médailles
Ne croyez-pas nous éblouir, nous la marmaille
Quand vous jurez, main haut levée, être innocent
Nous ne voyons sur cette main que notre sang!

Il faut aimer toutes les fleurs! (Décembre 2016)

Comme issue d'une Idée énorme
La Terre est un tapis de fleurs
Aux cent millions de formes
Aux cent millions de couleurs
Aux cent millions de fragrance
Hermaphrodites, bisexuées
Certaines autres balancent :
Mâles, femelles, ou alternées

(SUITE…)

Où l'homme trouve-t-il l'idée
Naine, mesquine, saugrenue
Que ne pourrait se multiplier
Que lui-même et son point de vue?
Qu'il n'y a qu'une vérité
Qu'il en est l'apôtre élu?
Que tous devraient bien l'imiter
Que par lui seul viendrait le salut?

Qu'il peut réduire en esclavage?
Qu'il peut tuer, persécuter?
Qu'il peut réduire en servage?
Dominer et exécuter?
Qu'il peut tout réduire en poussière?
Ah! Qu'il serait grand son plaisir :
Abolir la création d'hier
La refaire selon ses désirs!

Discriminer, exterminer
Se rendre seul maître du monde
Et, l'adversaire éliminé
Se croire dieu une seconde :
Elle est là la vraie perversion!
Puis mourir, dans l'anonymat
Sur son lit, sans consolation
Qu'un chardon, seule fleur qu'il aima!

Il faut aimer toutes les fleurs
Car chacune a son importance
Elles sont frères et sœurs
Et beauté de notre existence

Le Bien vs le Mal (Janvier 2017)

Dites : qu'est-ce qui est bien, qu'est-ce qui est mal?
Un militaire accède au pouvoir par la force :
«Celui qui règne est un fou, il n'est pas normal!
Dieu et peuple m'ont mandaté pour le divorce»

«Quoi qu'il en coûte en dommages et en vies
Je saurai rétablir paix, joie, gloire et richesse
Toutes les nations voisines en mourront d'envie
Et me craindront désormais en toute sagesse»

«Qu'ils ne s'avisent pas de bouger quelque doigt
Ces pays voisins, ou de lever quelque armée
Je serai prompt à protéger tout ce que doit
Et saurai être à hauteur de ma renommée»

«Aux fomenteurs de troubles et de coups d'état :
À votre égard, j'aurai encor moins de tendresse
Je vous jetterai les uns sur les autres, en tas
Où, tous, pourrez maudire votre maladresse»

«Ne resteront que moutons et adorateurs
Pour me suivre, m'obéir et me craindre...
Puis il viendra ce jour, pour mon plus grand malheur :
Un plus fort, bien intentionné, saura m'atteindre...»

Ainsi va cette lutte du mal et du bien
Qui, de tous temps, tous lieux, a animé l'histoire
Pour faire mieux, on tue des gens, et oh combien!
À la fin, Bien ou Mal : qui aura la victoire?

L'enfance heureuse (Décembre 2016)

J'avais dans ma besace de tout nouveau-né
Une condamnation d'un temps indéfini...
Déjà, tout mon temps est fait; la mort va sonner
Où est la surprise? Tôt ou tard, tout finit!

•—•

Tout a commencé, naguère sur un appel
De la vie, sans qu'il fût question de conditions
J'étais trop jeune, l'ombilic sous le scalpel
Pour prévenir la cruelle conspiration

J'étais une chose vivace mais vulnérable
Mes premiers mots : exclamation de ma douleur
Je voulais boire, je criais, tout misérable
Puis je hurlerai d'avoir trop bu, tout à l'heure

Tous mes sens s'abandonnent à ma maman
Qui est là, que je sens, sans pouvoir la nommer
Elle est chaleur, douceur, mon précieux talisman
Qu'onc mes pleurs ni mes cris ne peuvent assommer

Comment peut-elle m'endurer, nourrisson criard
Qui digère mal la vie et sa nourriture
Un mystère, qu'elle dévoilera plus tard :
L'amour d'une mère est plus grand que nature

Je fis mes tout premiers pas dans cette maison
D'allure bancale, remplie de bonheur solide
Tous y faisaient sa place, comme de raison
En criant, poussant, ou courant comme bolides

(SUITE...)

Ce furent années de grands bonheurs quotidiens
Que cette période de pure indolence
Les jours passaient et entassaient les petits riens :
Fautes bénignes, minuscules pénitences

Oui, j'ai rêvé que cela durerait toujours
Malgré qu'il y avait et ma sœur et mes frères
Qui montaient dans un autobus au petit jour
Et en redescendaient le soir; quel grand mystère!

On avait usurpé ma place de chouchou
Une fille, puis un garçon; là, j'étais perplexe
Sur la place qui devenait mienne chez nous :
Trop grand? Trop petit? J'en faisais tout un complexe

Je vivais d'ultimes instants de liberté
Où s'achevait de se consumer l'innocence
Des jeux simples de mes derniers beaux jours d'été
Ce septembre déjà! La mort de mon enfance!

On m'a cassé, militarisé, mis en rang
Il fallait me taire sous peine de sévices
Apprendre à grands coups de règle, c'était courant!
Je ne me savais pas tant de défauts, de vices...

On m'a mis au pas de la religion d'état
Il m'a fallu croire au seul vrai dieu de la Terre
Obéir au catéchisme, à ses diktats
Souvent si loin du «Faites l'amour, pas la guerre»

•—•

Avant que de mourir aujourd'hui, je vous confie ce message :
S'il existe au monde un bonheur précieux, qu'il faut bien protéger
C'est celui de nos enfants, petits-enfants, avant leur dressage
Leur pur bonheur des premiers ans, un jour, va se désagréger

Dérapage (Février 2015)

J'étais son chum, son héros
Elle s'était abandonnée
La tête sur mon épaule
Et moi, je lui jurai gros
Foi de parole donnée :
« Je ne ferai pas le drôle »

« Je conduirai prudemment »
Tout ce que je désirais :
La ramener saine et sauve
Et prouver à sa maman
Qui ne me jugeait pas prêt
Que je n'étais pas un fauve

Comment survint l'accident?
Je ne pouvais pas le dire
J'avais perdu la mémoire
Je quêtais autour, souvent
Mais j'entrevoyais le pire
Des œillades sombres, noires

Je lui ai volé son âme
Je lui ai volé ses rêves
Je lui ai volé sa vie
S'est envolée dans les flammes
Et un nouveau jour se lève
Sur la vie que j'ai ravie

Je voudrais une autre chance
Alors je serais plus sage
À quoi bon ces « plus jamais »
Ne reste que la souffrance
Et puis cette immense rage :
J'ai tué celle que j'aimais!

Vent d'espoir (Juillet 2015)

On entend des mots, mais on n'écoute pas
On regarde quelqu'un, mais on ne le voit pas bien
On lui dit quelques mots, mais rien que du bla-bla
On respire, mais on ne sent plus rien

On avance souvent pour aller nulle part
On achète tous les jours un peu de vide pour remplir nos vies
Tous nos souhaits sont faux pour la plupart
Survient ce mauvais jour où meurent toutes nos envies

On vit notre vie comme si on en avait cent
On n'a peur de rien, on fait les matamores
On avance les mains pleines de sang
De notre vie qui se donne la mort

Il faudrait tout faire pour inverser sans retard
La coulée du temps, dans le sens de l'amour
Il suffirait d'un mot, d'un geste, d'un regard
Pour revivre encore l'extase du premier jour

Soufflera-t-il un jour ce vent d'espoir
Qui chassera pour toujours ces idées noires?...

Juste un peu de nous (Mars 2015)

Juste un peu de toi
Plus un peu de moi
Et nous pourrons un jour
Venir au secours
De tous les mal-aimés du monde ♩

Juste un peu de nous
Plus un peu de vous
Mille épaules à la roue
Et nous viendrons à bout
De toute la misère du monde

Cette fille a changé ma vie (Décembre 2015)

Cette fille m'a jeté un sortilège
Avec des mots doux qui m'ont touché le cœur
Et je suis tombé tout droit dans son piège
J'y ai mis les deux pieds, j'en ai bien peur

Cette fille chantait comme une sirène
Des paroles auxquelles je n'ai pu résister
J'ai rendu les armes trois secondes à peine
Ébloui par le spectacle auquel j'ai assisté

Magicienne ou bien sorcière
Elle en a tous les pouvoirs
Épris dans sa souricière
Je ne voulais pas la décevoir
Je ne vis plus que pour elle
Tout étourdi, tout fasciné
C'est elle qui tient les ficelles
De ma vie, de mon étrange destinée

Cette fille a des atours de bohémienne
Le mot séduction tatoué sur le corps
Tout ce que je veux, c'est qu'elle soit mienne
Comme un unique choix de vie ou de mort

Cette fille dansait comme une déesse
Une chorégraphie de pas langoureux
Elle intercepte tous mes signaux de détresse
Et, sans défense, j'en suis tombé amoureux

Cette fille dansait comme une déesse
Une chorégraphie de pas langoureux
Elle intercepte tous mes signaux de détresse
Moi, sans défense, j'en suis tombé amoureux

La liberté est morte (Décembre 2016)

La liberté est à genoux
On l'a jetée dans un cachot
Elle a provoqué le courroux
Pour avoir dit un mot de trop
Si vous saviez ce qu'elle endure
Au fond de sa prison obscure!
On l'a soumise à la torture
La liberté se meurt, je vous le jure!

On lui a coupé les deux ailes
Pour l'empêcher de s'élever
On lui a posé une attelle
Pour la faire travailler
Bien concentrée sur sa routine
On lui a fait courber l'échine
On l'a changée en machine
En liberté molle, gélatine
La liberté relevant le corps
Jeta un œil et fut déçue
Que du sang, et des sous dessus!
Le monde appartient au plus fort
Tout le monde heureux de son sort
N'ose plus faire d'efforts :
Ce sont les autres qui ont tort!
Et on se sent si bien quand on dort...

La liberté s'est endormie
On l'a soûlée, on l'a droguée
N'a pas su voir les ennemis
Qui, contre elle, se sont ligués

(SUITE…)

Afin qu'onc elle ne se réveille
On lui donne drogues et bouteilles
Et des caméras la surveillent
Car demain doit être tel que la veille

Pourquoi suivre un troupeau
Pour ça, il y a les moutons
Liberté, on veut ta peau
Docile, à coups de bâton
Si tout va mal dehors
Liberté, c'est toi l'accusée
«Moi, liberté flétrie, désabusée
J'aime mieux me donner la mort!»

La liberté, n'en parlons plus
Faites vous à l'idée : elle est disparue
Ne la chercher plus, elle ne reviendra pas
Elle est partie rejoindre Dieu et Allah!

À vos armes : il faut tuer la guerre! (Novembre 2016)

Armées de chantres, de trouvères
Prenez vos armes et levez-vous
Allez faire la guerre à la guerre
Sur Terre, il y en a partout!

Prenez vos chants et vos prières
Vos instruments et, bout à bout
Formez tout autour de la Terre
Un rempart aux tigres et aux loups

Tuez la haine, cette guerrière
Que tous les tyrans et les gourous
Sèment parmi leurs congénères
Pour les faire mettre à genoux (SUITE…)

Allez tuer la faim et la misère
Les enfants n'en veulent pas du tout
La paix, voilà ce qu'ils préfèrent
Et, à leurs fusils, un gros toutou!

Nous voulons que vos mots enterrent
Tous les discours de mauvais goût
Et tous les bruits des militaires
Qui ne protègent que les gros sous

Demain ne sera pas comme hier
L'amour, un canon tellement doux
Fera tomber ce mur de pierres
Érigé tout autour de nous

Armées de chanteurs, de trouvères
Prenez vos armes, unissez-vous
Chantez, priez, c'est pour vos frères :
Ils ont tant besoin de vous!

La mort d'un poète (Novembre 2016)
Hommage à Félix Leclerc (1914/08-08-1988)

Tout autour de l'immense chêne terrassé
Gémissent de jeunes saules
Qu'il était grand! Se lamentent-ils
Qu'il était fort! Qu'il était beau!

Ce chêne, arrimé au sol et au ciel
Stoppait parfois un nuage
Pour qu'il nous abreuve
Il bravait la foudre, le vent fort
Nous préservant de l'un et de l'autre

(SUITE...)

Les oiseaux au haut vol qui le fréquentaient
Orphelins, eux aussi, désormais
Lui inspiraient des airs divins
Qu'il nous bruissait de sa voix
Grosse, mais si belle et si douce
Et quand il chantait
On entendait ses racines
Elles lui remontaient des odeurs
Lointaines et nostalgiques
D'enfance et d'ancêtres

Aujourd'hui, il gît là sans vie
Lui, l'immortel…
Dans sa chute lente et lourde
Ses branches et ses feuilles
Ont caressé une dernière fois
Tendrement
Ses frères et ses sœurs
Poussez jeunes saules
Semblait-il dire dans sa chute
Devenez grands, devenez forts
Vous aussi vous le pouvez!
Vous êtes de ma race
Alors, que craignez-vous?
Votre destinée vous appartient

Saules, cessez de pleurer!
Libérez-vous des tuteurs de jeunesse
Et des lianes qui vous étranglent
Devenez chênes à votre tour
Et entonnez, en chœur, pour moi
L'hymne au printemps
D'un pays que j'ai tant désiré!

L'Inspiration (Novembre 2016)

Il était une fois, moi, rencontrant une autre humanité...
Voyez, je commets déjà un anthropomorphisme :
Parce que je viens de la Terre, je perçois toute réalité
En ne référant qu'à celle-ci, ce qui est pur snobisme
Il me faudra faire attention à ce répréhensible réflexe...
S'il se trouve de l'intelligence dans un nouveau monde
Il me faudra ne pas rendre la situation plus complexe
Qu'elle ne l'est; j'en étais là à examiner la sonde :
Plus de doute, ce pourquoi je voyageais était proche
Je me vêtis aussitôt de ma combinaison antivirus
Je me dis : «Arme ton fusil, si jamais quelque chose cloche»
J'étais plus prudent que moins, je ne connaissais pas leurs us

Voilà, quand on réfère à la seule Guerre des étoiles
Pour établir notre conception d'une cosmogonie
On peut, on doit s'attendre à déception au-delà du voile...
Qui nous pousse, terriens, à imposer notre hégémonie?
C'est ce qui a guidé nos chefs lorsqu'on découvrit la chose
Ce réflexe de violence, si ancré dans nos mœurs
A, de tous temps, empêché toute métamorphose
De l'homme et de ses civilisations du «crois, ou bien meurs!»
La Terre étant très loin de toute unification éventuelle
La bisbille s'invita dans le concours de sélection
Devant l'imbroglio, on se fit menaces habituelles
Jusqu'au jour J moins un où il fallut passer à l'action

Représenter de facto l'espèce humaine dans l'espace
N'est pas mince affaire ni sinécure, croyez-moi!

(SUITE...)

Comme il fallait, bien sûr, que le meilleur le fasse
On a programmé l'ordinateur qui m'a élu son choix
J'avais paraît-il, toutes capacités et compétences
Pour mener à bon terme cette délicate mission
Le meilleur physique, la plus grande science
Ont plaidé grandement en faveur de ma nomination
Je me devais donc d'accepter au nom de tous les terriens
La tâche de trouver à cet endroit précis de l'espace
Là où les télescopes, la veille, ne percevaient rien
Un disque d'un flou éthéré mais d'une importante masse

Un nuage errant dans l'espace n'est pas chose commune
Vous conviendrez que j'avais le droit d'être sidéré
Et que mes précautions pouvaient s'avérer opportunes
Tous les tenants et aboutissants considérés
Ce qui s'en venait vers moi était de nature indistincte
Je ne pouvais en décrire ni la forme exacte ni la couleur
Et si j'en crois mes sens, ce fut une vision succincte
Une «inspiration» me pénétra, sans effort et sans douleur
Il me sembla après coup qu'une incroyable sagesse
Envahissait mon âme, mon cœur et mon corps
Qu'elle m'enseignait de la vie sa seule richesse
Qui est beauté, qui est bonté, donc que l'homme a tort!

Je voyais désormais le mal qui jonchait l'histoire humaine :
Le goût du luxe, de la luxure, du lucre, du stupre et du profit
Le vol, le viol, la torture, le racisme, l'esclavage, la haine
La guerre, les camps, les exterminations... Stop! Il suffit!
Cette montagne de cadavres, je l'avais sur la conscience
Comme si j'avais moi-même été pape, roi ou empereur

(SUITE...)

Je portais sur les épaules leurs méfaits et leurs indécences
Je m'accusais de leurs exactions et campagnes de terreur
De là où mes hôtes m'avaient emmené, de mon nouveau poste
Je pouvais percevoir sur ma planète comme un grand déni
Qui incitait les dirigeants et les généraux à la riposte
Ils furent les premiers frappés, inspirés par l'amour infini!

•—•

Oui, bien sûr, la Terre tourne encore autour du Soleil
Mais elle attend son tour : élue prochaine ambassadrice
De l'amour et du bonheur, comme d'autres astres pareils
Elle sera bientôt envoyée dans l'univers, comme Inspiratrice!

Mon voisin gonflable (Décembre 2016)

Ah! Je me souviens très bien d'un voisin gonflable
Qui, sans aucun motif, prenait malin plaisir
À vouloir posséder plus sur sa propre table
Que moi, qui n'avais pourtant que peu de désirs
L'été, je plantais dix fleurs, il en plantait cent
J'avais un animal, un chat dit de gouttière
Il s'en alla en quérir un, oui, mais pur sang
Je visitais un pays? Lui, la terre entière
J'achetais un bien, il en voulait un meilleur
Ainsi vont les États-Unis avec la Russie
Mais ces deux voisins nous amènent ailleurs
Lequel des deux pourra dire : j'ai réussi?

Avec leur course au plus puissant aérosol
Quand rien d'autre ne subsistera sur le sol
Que poussière, dans l'air, une nuée mortelle
Qui sera gonflé à s'en péter les bretelles?

Il était une foi... (Décembre 2016)

Il était une foi... là commence l'histoire
De ce jeune enfant qui se présenta chez Dieu
La vie qu'on lui avait donnée, vie dérisoire
Dura temps de dire un bonjour, un adieu

Et entre les deux, que maladie et souffrances
Que larmes, inquiétude et découragement
Rien qui ressemble aux joies normales de l'enfance
Cette quête sans trêve de soulagement!

Que des parents désespérés d'une agonie
Dont ils ne pouvaient comprendre la provenance
«Mais qu'avons-nous donc fait pour être ainsi punis?»
L'interrogation n'était pas sans importance

Cette question, l'enfant la posa à saint Pierre
Qui, fort embarrassé, ne lui répondit point
Dirigea le marmot vers plus calé en la matière
«Va voir Dieu», dit-il, «moi, je ne suis qu'un adjoint!»

L'innocent soupir de l'enfant fit frissonner
Tout l'équipage du ciel : anges et archanges
Élus, saints et chérubins, tous désarçonnés
S'esquivèrent, ne voulant plus qu'on les dérange

On finit par appeler Dieu à la rescousse
L'enfant, fin seul devant le Seigneur tout-puissant
Poussière, mais poussière à triste frimousse
Articula : «Pourquoi?» Dieu pleura eau et sang...

Aucune explication, ou valable ou sensée
Ne sortit de la bouche du divin créateur
L'enfant, dès lors, douta de l'idée, caressée
Qu'Il pût aimer d'un incommensurable cœur!

LA VIE DES CHANTS

La star de ma vie (Avril 2013)

**Inspirée de la naissance de Marie-Félix,
fille de Marie-Élaine Thibert, chanteuse bien connue au Québec**

Dès que tu es entrée en scène
Tout en beauté, tout en éclat
Ton tout premier chant de sirène
T'a valu un prix de gala

Sur toi, tous les yeux sont rivés
Bouche bée devant le spectacle
Ils admirent l'artiste arrivée
Ton talent qui tient du miracle

Quand je te change de costume
C'est toujours un festin dansant
Quand une lumière s'allume
Te voilà clown divertissant

Je suis pendue à tes sourires
Et fan de tes jolies mimiques
Elles déclenchent les fous rires
Tellement elles sont comiques

Tes tout premiers pas sur les planches
Petite femme, déjà debout
Oubliées toutes mes nuits blanches
Tu as dit un : «*Maman!*» si doux

Je serai toujours là pour toi
La groupie au pied de ta scène
Je viendrai applaudir tes joies
Je viendrai consoler tes peines

(SUITE...)

Mais dans tout ce que tu feras
Souvent tu auras du succès
Au firmament, tu brilleras
Comme l'étoile que tu es

Tu es la star de ma vie
Ma vedette instantanée
L'enfant dont j'avais envie
Dont je rêvais nuit et journée

Tu es l'étoile de mon cœur
Ma joie et ma félicité
Tu es mon plus grand bonheur
Mon grand bonheur …d'éternité

Je n'ai fait que chanter (Mai 2013)

Une chanson écrite sur mesure pour célébrer la naissance d'une star, Valérie Carpentier, gagnante du concours LA VOIX (Québec 2013)

Quand j'ai eu mes huit ans
Je me suis dessinée
Sur la scène, chantant
Forçant ma destinée

Timide et ingénue
Cocoonée dans vos bras
Vous me portez aux nues
Étourdie de hourras

Pourtant, je n'ai fait que chanter
Le mieux que je pouvais
Je n'ai fait que chanter
Avec ce que j'avais

(SUITE…)

Pourtant, je n'ai fait que chanter
Avec la voix que j'ai
Moi, je n'ai rien changé
Je n'ai fait que chanter

Cendrillon a le chic
De trouver son Charmant
Mon prince, c'est le public
Mon public bien-aimant

Je me suis laissée surfer
Sur sa mer de caresses
Dans mon conte de fée
Il m'a fait sa princesse

Je serai donc la voix
Que vous voulez entendre
Suivez-moi sur la voie
Que vous m'offrez de prendre

Je vous verrai enfin
Vous qui m'avez choisie
Vous verrez comme j'ai faim
De vos bravos sentis

Pourtant, je ne ferai que chanter
Le mieux que je pourrai
Je ne ferai que chanter
Avec la voix que j'ai

Surtout, ne soyez pas surpris
Lorsque vous me verrez
Pour vous plaire à tout prix
Je ne ferai que chanter

Je chanterai pour lui (Mai 2015)

**Chanson offerte à Céline Dion, chanteuse mondialement connue,
en hommage à René Angélil, son mari et son agent, décédé le 14 janvier 2016**

Tant que je chanterai
Je chanterai pour lui
Et quand je danserai
Je danserai avec lui
Lorsque je dormirai
Je rêverai à lui
Lui qui a tout donné
Pour que je sois, ce que je suis

Il vint tôt dans ma vie
Comme un chevalier blanc
Sitôt, il m'a ravie
Et m'a fait cerf-volant
Tenant fort les ficelles
Je vis gloire et sommets
Moi, je me voulais belle
Pour celui que j'aimais

Ce soir, je pense à lui
En chantant ce refrain
Je le vois qui sourit
Et qui me tend la main
Il est là qui se pâme
De la voix qu'il adore
Je veux toucher son âme
Comme je touchais son corps

La peur, la solitude
Ne m'atteindront jamais
(SUITE…)

Car j'ai la certitude
Qu'il est toujours là, tout près
Il est l'amour de ma vie
Et oui, je l'aime encore
Je sais que lui aussi :
L'amour n'est jamais mort

Il est pour lui ce chant
Pour lui, ces mots d'amour
Fleurant l'herbe des champs
Promesse de toujours
Tant que je chanterai
Je chanterai pour lui
Et quand je danserai
Je danserai avec lui

Lorsque je dormirai
Je rêverai à lui
Lui qui a tout donné
Pour que je sois, ce que je suis
Oui, tant que je vivrai
Je penserai à lui
Et quand je chanterai…
Je chanterai pour lui

Je sais, je le verrai
Dans les yeux des enfants
Et je le sentirai
Dans la douceur du vent
Tant que je chanterai
Je chanterai pour lui
Et quand je danserai
Je danserai avec lui

Une tonne d'amour (Avril 2013)
Une chanson offerte à Ginette Reno

J'ai dans le cœur une tonne d'amour
Que je déverse peu à peu
Dans chaque vie, et chaque jour
De chacun de mes amoureux

Je pensais pouvoir te garder
En t'écrasant de mon amour
Mais un jour tu m'as regardée
Je n'étais plus ton «*p'tit poids lourd*»

J'ai dans le cœur une peine d'amour
Aussi lourde que l'automne
Mes amants tombent tour à tour
Sous le poids de l'amour que je donne

De l'amour, j'en aurai toujours
Car moi, j'ai une carrière d'amour
Où je vais puiser chaque jour
Mon amour, ma tonne d'amour

J'ai dans le cœur une tonne d'amour
Mais plus personne qui m'dit bonjour
Monsieur, offrez-moi votre cour
Je vous la remplirai d'amour

Une tonne d'amour!

L'amour brut (Avril 2013)
Une chanson offerte à Dan Bigras

Ma douleur est grande
Je t'ai fait souffrir
Et je me demande
Si tu vas guérir

C'est mon amour brut
Qui t'as tant blessée
Entraînant ma chute
Quand tu m'as laissé

Toutes mes caresses
Sont pourtant sincères
Mais tu veux qu'elles cessent
Dès que trop elles te serrent

Oui, je suis une brute
Maladroit d'amour
Mon amour est brut
Et tu cries au secours

Derrière les barreaux
Je nous vois, tous deux
Malgré tout si beaux
Et encore amoureux

Pour remonter la côte
Mon cœur me dit : «Zut!»
«Ce n'est pas ta faute!»
Non! Non! C'est celle de l'amour brut ♩

C'est toé qui a commencé
Ton p'tit jeu me rend jaloux
T'as l'don de m'faire fâcher
Pire que ça, ton p'tit jeu, il me rend fou!

Ma douleur est grande
Je t'ai fait souffrir
Et je me demande
Si tu vas guérir

C'est la même histoire
Qui se répète sans cesse
Je me fais des accroire
C'est ma colère qui fesse

Toutes mes caresses
Sont pourtant sincères
Mais tu veux qu'elles cessent
Mais moi... j'sais pas comment faire!

Ma douleur est grande
Je t'ai fait souffrir
Et je me demande
Si un jour... je vais guérir

Oui, je me demande
Si un jour... je vais guérir

LA VIE DES MIENS

La vie de Joseph (8 juin 1924 - 8 juillet 2008)

Ces bouts de textes de chansons qui retracent en raccourci la vie de papa Joseph ont été composés par moi en mai 1999 en l'honneur de son 75e anniversaire de naissance; le pot-pourri fut interprété devant le jubilaire, le jour anniversaire du 6 juin 1999, par ses enfants Pierre, Robert, Lucie et Luc.

1- Sur l'air de *Mon Jos,* de Paul Piché

C't'aujourd'hui au restaurant, gai lon la mon Jos ma lurette
C't'aujourd'hui au restaurant, que tu passes à' confesse
Que tu passes à' confesse mon Jos, que tu passes à' confesse...

2- Sur l'air de *Dominique,* de Sœur Sourire

St-Majorique, rique, rique
Petit village au fond des bois
P'tit Joseph, te voilà
Tu travailleras aux champs
Mais ne f'ras pas ça tout l'temps
Un jour, tu sacreras ton camp

3- Sur l'air de *La manufacture,* de Robert Charlebois

T'arrives à' manufacture, à tou'é jours tu travailles dur
Oui, c'est rough mais tu lâches pas wow, wow!
Pis tes boss te nomment boss, ç't'à ton tour d'écœurer
Ceux qui encore hier, travaillaient avec toé...

4- Sur l'air de J'ai rencontré l'*homme de ma vie,*
De F. Cousineau/L. Plamondon/Diane Dufresne

Aujourd'hui, t'as rencontré la femme de ta vie - Wo, wo, wo, wo
Aujourd'hui, c't'avec Lorraine, que t'es sorti...

5- Sur l'air de *En passant par la Lorraine*, traditionnel

En mariant la Lorraine, ah! le monde était beau
Puis quand la maison fut pleine, c'était pus un cadeau
Tes huit enfants sur le dos, Lorraine qui veille sur ton repos
Oh! oh! oh! Elle mérite des bravos!

6- « Sur l'air de *Les portes du pénitencier*, de Alan Price/V. Buggy/H. Aufray/J. Halliday

Les portes de la Celanese, bientôt vont se refermer
Et c'est là qu'un jour, tu te réveilles : t'es devenu retraité...

7- Sur l'air de *Cent nuits à l'heure*, de Fiori/Séguin

Là, t'apprends à danser
Cha cha, valse, merengue
Ça l'air d'vous amuser
Au boutte, Lorraine pis toé

8- Sur l'air de *Mon vieux Joseph*, de Georges Moustaki

Je suis partie mon vieux Joseph
C'est ça la vie, on n'y peut rien
J'aurai fait l'amour et le bien
Dans la mesure de mes moyens

9- Sur l'air de *Aline*, de Daniel Bevilacqua/Christophe

Et t'as pleuré, pleuré, oh! t'avais trop de peine
Et t'as crié, crié, Aline pour qu'elle vienne

10- Sur l'air des *Violons d'Acadie*, traditionnel

Avec ton frère, tes amis
Ton violon et tes amplis
Les oreilles des vieux, tu vas casser
Des vieux airs, tu veux chanter
Ça' ben l'air d'les contenter
Sur la piste, on les voit tous danser

11- Sur l'air de *Je m'appelle Paulette*, de Paolo Noël

Tu t'appelles Joseph, t'as 75 ans, tu vis dans une roulotte
Depuis quelque temps, tu es moins fringant, t'as moins la bougeotte
Ta compagne Aline, parents et amis, tout le monde te souhaite
Tout le monde souhaite, de 25 ans au moins, prolonge ta retraite

12- Sur l'air de *C'est à ton tour*, de Gilles Vigneault

Mon cher Joseph, c'est à ton tour de te laisser parler d'amour
Mon cher Joseph, c'est à ton tour de te laisser parler d'amour

Tout en pensant à Lorraine

(Sur l'air d'*En passant par la Lorraine*, traditionnel)

Quelque temps après le décès de maman Lorraine (3 septembre 1930 - 6 mars 1988) à l'occasion d'une rencontre familiale, j'ai interprété ma version de cette chanson traditionnelle qui voulait rappeler quelques moments familiaux et aussi les attitudes de maman dans certaines situations. Je commente chacun des paragraphes pour mieux comprendre la simplicité et le dévouement de cette femme à sa famille. Le refrain rappelle que les trois plus jeunes de la famille enviaient le privilège de veiller tard de leurs vieux frères et sœurs; c'était Lorraine qui les invitait à aller se coucher avec cette formule devenue, avec le temps, sacrée et consacrée dans notre famille.

Tout en pensant à Lorraine, à' maison su' le coteau
Certains disaient cabane vilaine, nous on trouvait ça beau
C'était chez nous, des clous carrés, 'est toute patchée, le toit a coulé
Pierre, Robert, Chantal, allez vous coucher!

C'est vrai que notre maison sur le chemin Hemming, toute croche, recouverte de papier imitation brique et repatchée de papier d'autres couleurs, ne payait pas de mine; elle avait plus de cent ans et elle les accusait. Mais c'était NOTRE maison, notre refuge, le lieu où il faisait bon être… Bref, c'est là qu'on était bien!

La maison, elle était pleine en toutes saisons
De toutes sortes de croquemitaines, des fins, des pas bons
C'était chez nous, «Vot' père y dort
Gang de tannants, allez jouer dehors!»
Pierre, Robert, Chantal, allez vous coucher!

Papa Joseph travaillait sur les «shifts» et lorsqu'il travaillait de 11 heures du soir à 7 heures du matin, dormir de jour avec huit enfants couraillant autour était une impossibilité que tentait de rendre possible Lorraine montant la garde dans sa maison et refoulant dare-dare et manu militari vers l'extérieur tous les ennemis du repos de son mari.

En bas d'chez nous, vous en souvienne, y'avait les Michaud
Qui se promenaient en bedaine, i faisait-y assez chaud?
C'était chez nous, d'l'huile i'en a pus, i fait soixante, rajoute du bois
Pierre, Robert, Chantal, allez vous coucher!

Nos grands-parents et oncles maternels demeuraient en-dessous de chez nous... ce qu'ils devaient endurer de bruit et de tapage est inimaginable! Zéro plainte! Eux avaient l'eau chaude, un poêle électrique, un bon chauffage à l'huile, un évier dans leur chambre de bain, bref tous éléments de confort qui étaient inconnus en haut.

Oui, chez nous i'avait Lorraine, celle qu'on appelait maman
«Un, deux, trois», jusqu'à 'dizaine quand on était tannants
C'était chez nous, Jésus, Marie, les mains s'ses hanches, Joseph aussi
Pierre, Robert, Chantal, allez vous coucher!

Quand Lorraine se fâchait après l'un de ses enfants qui venaient de commettre une grosse bêtise, elle avait le réflexe d'invoquer à son secours la Sainte Famille qui lui conseillait à chaque fois de compter jusqu'à dix, les poings sur les hanches, l'air aussi sévère que déçue. Elle grondait, mais jamais dans mon souvenir n'a-t-elle frappé l'un de ses enfants.

La soupe a' l'était vilaine car 'était faite à l'eau
Appelé Dieu qu'il intervienne comme à Cana plus tôt
C'était chez nous, la soupe au riz, avec le riz, on rit aussi
Pierre, Robert, Chantal, allez vous coucher!

Lorraine faisait des repas pour dix avec les moyens que lui permettait le salaire d'un ouvrier de la Celanese. On se plaignait rarement de la nourriture qu'il y avait sur la table. En tout cas, les quantités étaient au rendez-vous! À un souper en particulier, elle servit une soupe qu'elle avait coupée de moitié d'eau au moins et Luc s'invita à réciter un bénédicité: «Mon Dieu, bénissez cette soupe car... elle en a bien besoin!» On a tous bien ri... et Lorraine aussi!

Les samedis soirs de chaque semaine on r'gardait le hockey
Il ne commençait qu'à peine, qu'il fallait se coucher
C'était chez nous, oyez jeunots, en noir et blanc, quelq'z' ans plus tôt

Pierre, Robert, Chantal, allez vous coucher!
Puis Luc, Michel, Lucie, allez vous coucher!
Puis Jean-Louis, Rachel, allez vous coucher!

Toi aussi, Joseph, viens donc te coucher!

Il faut savoir que le hockey du samedi soir à la télé chez les Granger du chemin Hemming se transformait en party hebdomadaire. On y commentait la joute avec un peu d'esprit et beaucoup d'humour; on commentait même les commentaires des commentateurs! Mais les plus jeunes devaient quitter après la première période; un autre groupe après la deuxième. C'était le règlement! Ah! Ce qu'on pouvait avoir hâte d'être vieux nous aussi!

Joseph s'endormait régulièrement sur le fauteuil en écoutant un film ou sur la chaise en lisant un livre et il n'était pas rare que Lorraine sortait de la chambre à coucher pour réveiller doucement son mari et l'inviter à venir se reposer dans le lit matrimonial.

En bas de chez nous (Inédit - Juillet 2017)

En bas de chez nous, il y avait les Michaud
Mes grands-parents maternels, Patrick et Antoinette
C'était différent chez eux : même l'hiver, il faisait chaud
Trois oncles presque de notre âge et une chansonnette
Michaud est monté sur un grand pommier
De tous nos amis, ils furent les premiers

Toune d'automne pour Chantal (Été 2011)
(Sur l'air de *Toune d'automne,* des Cowboys Fringants)

Ma sœur Chantal est née un 8 décembre; même si l'hiver n'est pas officiellement commencé, il fait froid, trop froid pour une garden-party! L'année de cette chanson, en 2011, nous avons fêté son 50e anniversaire de naissance à la fin de l'été et ce, à l'extérieur, sous un soleil radieux et chaleureux!

Comment ça va, ma p'tite sœur?
Viens que j'te serre dans mes bras
Aujourd'hui, c't'un grand bonheur
D'être tous icitt' avec toi?
À ta fête, c't'année, y va s'passer quelque chose
C'est moins morose...

J'espère au moins qu'tu trouves ça l'fun
Des niaiseries pis des chansons
Sûr, Clairinda va être bonne
Et tes frères vont avoir l'air con
Une qui est contente, c'est l'Immaculée-Conception
Plus d'opposition...

Anyway, j'chus content, ta cinquantaine
On la fête juste avant l'automne
Oh! Que ça m'a donc fait d'la peine
De t'voir pâtir ma mignonne...

C'est tes enfants qui ont préparé
Cette petite opération
T'aurais dû les voir faker
Une vraie gang de petits espions
La môman a rien vu d'ça de toute l'année
Est pas futée...

(SUITE...)

De mon bord, j'ai préparé
Un spectacle de variétés
Jouer d'la guitare et chanter
On verra c'que ça va donner
Mais tu m'connais, chu pus motivé à travailler
Chus retraité...
Anyway, j'chus content, ta cinquantaine
On la fête juste avant l'automne
Oh! Que ça m'a donc fait d'la peine
De t'voir pâtir ma mignonne...

J'ai vu Réal le mois passé
Ç'avait pas trop l'air de filer
Y m'a dit : «Chus ben fatigué!»
Qu'i avait ben trop travaillé
Sœur, si tu l'aimes, faudrait p't-être un peu l'lâcher
C'est ton aîné...

Et puis toé, ma p'tite sœur
Te sens-tu assez perdue?
Fêtée sans la froide blancheur?
Fait-tu beau, pis chaud par dessus?
Oublie qu'la vie est parsemée de p'tites misères
Pis laisse-toi faire...

Anyway, j'chus content, ta cinquantaine
On la fête juste avant l'automne
Oh! Que ça m'a donc fait d'la peine
De t'voir pâtir ma mignonne...

Anyway, chus content, ta cinquantaine
On va la fêter sans mitaines!

Chantal libérée
Sur l'air de *Femme Libérée,* de Cookie Dingler

Ne la laisse pas tomber, elle est si fragile
Être une femme libérée tu sais c'est pas si facile
Ne la laisse pas tomber, elle est si fragile
Être une femme libérée tu sais c'est pas si facile

Elle travaille dans une usine qui fabrique des lits
On pourrait penser que le balai elle manie
Vous vous trompez en tab', j'veux pas vous faire peur
Elle fait le travail d'un homme car elle est soudeur

Quand elle revient le soir dans sa maison
Elle trouve son Réal qui l'écoute avec distraction
Mais elle ne s'en fait pas, elle rigole quand même
Et lui ronronne des tonnes, des tonnes de «je t'aime»

Elle a élevé deux enfants, un gars et une fille
Elle a eu des nuits sombres et des jours qui brillent
Et lorsque les deux époux se séparèrent
Il a bien fallu qu'elle soit leur mère et leur père

Chantal, c'est ma sœur, la cadette d'la maison
La plus jeune rit du plus vieux comme de raison
Aujourd'hui, oui la vie prend un peu sa revanche
50 ans, c't'un peu comme deux prises en 9e manche

Sa première ride au front lui fait du souci
On ne peut pas rester jeune toute sa vie
Oui, bientôt elle et Réal prendront leur retraite
Alors tous les jours seront des jours de fête

Thérèse et Maurice (Août 2011)

Mon oncle Maurice Dionne **(9 octobre 1916 - 12 mai 1999)** et ma tante Thérèse **(13 mai 1915 - 7 octobre 1995)** étaient mes parrain et marraine; à ce titre, et pour plein d'autres raisons, ils étaient ma matante et mon mononcle «préférés».

Voici quelques-uns des souvenirs que je conserve de ces deux merveilleuses personnes.

Lorsque nous étions de jeunes enfants, il y avait encore dans notre cour arrière de notre maison du chemin Hemming un gros arbre, un chêne? Un orme? Je ne m'en rappelle plus… mais sans aucun doute, dirait Zachary Richard, avait-il déjà été dans ses feuilles à une autre époque! Je ne me souviens de cet arbre que dégarni de ses feuilles et d'une partie de son écorce, et comme une nuisance quand on jouait à la balle. Un jour, papa Joseph décida de le jeter par terre pour en faire du bois de chauffage.

Ce jour-là, mononcle Maurice était venu aider papa et, pour plus de prudence, on décida qu'il fallait lui attacher une corde (à l'arbre, pas à mononcle Maurice!) dans le faîte pour s'assurer de le faire tomber à l'endroit choisi (et non pas sur le poulailler construit pas très loin).

C'est avec le regard agrandi par la surprise et l'admiration que les petits spectateurs intéressés que nous étions tous mes frères et sœurs avons vu mononcle Maurice grimper dans cet arbre au tronc immense aussi facilement que s'il grimpait à une échelle et aller attacher ladite corde à une branche encore solide au haut de cet arbre condamné.

Le plus fier de cet exploit, ce n'était pas lui, point de mire des félicitations… c'était moi le filleul qui, en son for intérieur, pouvait prétendre, devant le monde entier, avoir le parrain le plus cool de la Terre!

•—•

Lorsque maman Lorraine devait donner vie aux derniers de ses enfants, il était convenu que les petits gars iraient demeurer chez des oncles et tantes le temps des «accouchailles» et des relevailles. Je me rappelle que mes frères Jean-Louis et Michel, et moi avons été hébergés à l'une de ces occasions par tante Thérèse et nous couchions tous trois, de travers, dans le même lit! C'était OK pour Michel et moi, mais il fallut installer une chaise pour recevoir la partie des jambes de Jean-Louis l'ado, qui dépassaient!

Au cours d'un de ces séjours, — mais était-ce le même? — il me revient à la mémoire que c'était l'été, qu'il faisait beau et chaud (ce devait donc être mon frère Pierre le petit à venir, puisqu'il est né le 30 juillet). Quel bonheur pour moi de vivre auprès de mes parrain-marraine mais, surtout, de partager les jouets et les jeux de mon cousin préféré, Roger. Car Roger, lui, en plus d'avoir presque le même âge que moi, avait de vrais jouets : une piste de course électrique, des camions Tonka, et quoi d'autres encore!

Cela se passait alors que Roger demeurait dans le secteur du Golf de Drummondville, tout à côté de l'usine de beignets, (Mmm, ça sent encore bon, il me semble!) Roger avait un copain au bout de la rue qui «possédait» une piscine creusée. Il faisait chaud, je le rappelle, et malheureusement, un costume de bain n'entrait pas dans notre garde-robe de voyage. Qu'à cela ne tienne, ma généreuse et ingénieuse tante Thérèse se mit au boulot : elle me tailla et me cousit un costume dans une serviette de ratine. Il n'était pas du dernier cri ni du dernier chic, mais il faisait amplement le travail. Le costume était bleu pâle, si ma mémoire est bonne... Et, à la fin de la journée de piscine extérieure, le costume était toujours bleu pâle... le reste de mon corps, lui, sans protection, était devenu rouge vif!

•—•

Il y eut une fois une grande rencontre familiale dans notre maison du chemin Hemming, au temps où nous occupions et l'étage et le rez-de-chaussée. Il y avait là des Granger en masse, des Michaud aussi. En quelle occasion? Je ne m'en souviens pas. Mais il y avait, hors de tout doute possible, mon oncle Maurice Dionne et il y avait mon oncle Marcel Michaud : deux conteurs d'histoires invétérés!

Lorsque ces deux-là se sont mis à dégainer leurs histoires à tour de rôle, on a eu droit à tout un spectacle digne de Roméo Pérusse en très grande forme. Comme Roméo, les premières salves d'histoires ont servi de réchauffement pendant lequel les deux adversaires se sont toisés et ont pris acte du talent et du répertoire de l'autre. Puis le rythme s'est accéléré. Et l'un de lancer une blague que l'autre relançait tout de go. On assista pendant près d'une heure à une véritable mitraille d'histoires et à un jaillissement de fous rires des spectateurs. Quelques-uns en sont presque morts... de rire bien sûr! Quelques tantes religieuses, au fond du grand salon, ont pieusement bouché leurs oreilles pour ne pas ouïr les blagues les moins catholiques.

Mais quels conteurs d'histoires étaient ces deux oncles Maurice et Marcel! Les M&M de la joke!

•—•

De Maurice Dionne mon parrain, j'ai le souvenir d'un homme enjoué, drôle, et un peu beaucoup maniaque de la lutte Grand

Prix (et autres versions) à la télé. Rire d'une bonne blague ou voir un «méchant» lutteur prendre le dessus sur le «bon», cela amenait mononcle Maurice presque au bord de crises d'apoplexie : son visage devenait rouge écarlate et, souvent, il fallait que matante Thérèse le raisonne, le gronde un peu ou tente de le calmer, tel un gamin qu'il fut, presque, toute sa vie. On avait beau lui rappeler occasionnellement que la lutte, c'était un sport arrangé, le message n'a jamais passé. J'en veux pour preuve convaincante que, lors d'une visite faite chez Maurice et Thérèse, du temps qu'ils demeuraient près de l'église Sainte-Thérèse de Drummondville, sur le tard de leur vie, je le revois encore trépignant et haranguant le méchant faisant un mauvais parti à son favori! La lutte le rivait littéralement à son fauteuil!

Je le revois aussi encore ramassant naguère nos ordures ménagères lorsqu'il travaillait comme éboueur; j'attendais ce jour de la semaine avec grand plaisir et, de le voir soulever tous ces lourds fardeaux mis aux rebuts, me le rendait encore plus attachant.

De Thérèse Granger-Dionne, j'ai le souvenir d'une petite femme plus discrète mais pleine d'énergie et d'une grande générosité. Elle me semblait être la raison et le pragmatisme incarnés et celle qui tenait et savait ramener, chez elle, la maisonnée à l'ordre, dans tous les sens du terme.

•—•

Mon oncle Maurice et ma tante Thérèse, mes parrain, marraine, sont deux personnes que j'ai beaucoup aimées et j'avoue qu'aller en visite chez eux ou les voir arriver chez nous m'étaient un bonheur immense et intarissable.

Pierrette et Lucien (2002)
Sur l'air de *Gens du pays*, de Gilles Vigneault.
Pour les noces d'or d'oncle Lucien et de tante Pierrette

Quand nous étions jeunes, on r'gardait à télé
Des grands, des héros en grande quantité
Capitaine Bonhomme, Zorro, Bugs Bunny
Notre bonheur était parfait
Jusqu'à ce qu'une lampe pétait…

Par la fenêtre, on watchait bien
L'arrivée de Super-Lucien
Quand y avait réparé l'bobo
Il était le héros des héros

Quand nous étions jeunes, avoir d'la visite
Était une fête qu'on aimait en bibitte
Les mononcles, les matantes, les cousins, les cousines
Oui, on s'amusait en câline…
Dans le salon et la cuisine

La bonne humeur d'matante Pierrette
On ne pouvait pas la manquer
A' parlait fort, a' parlait drette
Elle égayait mille pieds carrés

Dans les circonstances de ce jubilé
Permettez-moi d'avoir une pensée
Pour ceux et pour celles qui nous ont quittés
Comme nous, elles vous ont tant aimés…
D'un amour pour l'éternité

Pierrette, Lucien, c'est votre tour
De vous laisser parler d'amour
Pierrette, Lucien, c'est votre tour
De vous laisser parler d'amour

Agathe? Une perle! (12 juillet 2013)
Hommage aux 60 ans de vie religieuse de tante Agathe Granger.

Tante Agathe, voici un petit éloge, bien mérité.

L'agate est une pierre fine, et une pierre précieuse dans son sens large. Tante Agathe, tu es une personne d'une grande finesse et oh! combien précieuse tu es pour ta communauté religieuse et pour ta parenté!

L'agate est une pierre qui peut prendre une multitude de formes et de couleurs; on peut même la colorer pour en relever la beauté. Ta bonté, tante Agathe, a, elle aussi, tout au long de ta vie, pris mille formes et mille couleurs et ce, au bénéfice et pour le plus grand bonheur des personnes qui t'entourent.

Il existe un Domaine des Agates, sur le Rhône, en France, qui produit un excellent vin d'akhatès (agate, en grec), nommé ainsi car les raisins ont l'apparence de belles agates aux couleurs chatoyantes et aux formes généreuses. C'est un vin élégant, parfumé et charpenté, selon ma source. Ainsi es-tu tante Agathe : belle, colorée, généreuse, élégante, dotée d'un parfum alliant l'amour et l'amitié. Concernant l'aspect, euh… plus délicat à traiter, de ta charpente, - loin de moi l'intention d'attenter à ta pudeur- disons seulement qu'elle a été assez solide pour te permettre d'accomplir toutes tes bonnes œuvres pendant 60 ans, et aussi de t'amener jusqu'à l'aube de tes 84 ans, au moment où ce texte te sera lu.

Et, si tu es réellement comme le bon vin, comme un grand cru qui se bonifie en bonté et en cherté avec l'âge, tu dois comprendre, tante Agathe, à quel point tu es devenue une personne d'une grande bonté, une personne estimable mais, surtout, combien tu nous es chère à nous, tes parents et tes amis!

UNE VIE DE... STARR (Septembre 2016)

Belle Starr, la reine hors-la-loi
(The Bandit Queen - L'Amazone de l'Ouest)

*Tous les textes historiques proviennent de WIKIPEDIA ou du site *Legends of America*

Préambule – La guerre de Sécession

La guerre de Sécession ou guerre civile américaine, aux États-Unis est une guerre civile survenue entre le 12 avril 1861 et le 9 avril 1865 et impliquant les États-Unis d'Amérique «l'Union», dirigés par Abraham Lincoln, et les États confédérés d'Amérique «la Confédération», dirigés par Jefferson Davis et rassemblant onze États du Sud qui avaient fait sécession des États-Unis. Les États confédérés d'Amérique regroupent la Caroline du Sud, le Mississippi, la Floride, l'Alabama, la Géorgie, la Louisiane, le Texas, la Virginie, l'Arkansas, le Tennessee et la Caroline du Nord. La signature de la paix laissa dans l'Ouest américain des haines inassouvies et un fond de violence, qu'alimentèrent des hommes comme Frank et Jesse James, et bien d'autres, qui refusèrent de déposer les armes et continuèrent sur la voie du vol et du meurtre, organisant des équipées sanglantes à des fins personnelles contre les riches propriétaires, les banques et les trains.

-1-
Le tonnerre des canons

Dans ce temps-là, des nuages
Noircissaient le ciel de mon pays
Il y avait là le présage
De jours noirs, de pénibles nuits

Quand le tonnerre des canons
Retentit pour deux justes causes
Certains voulant se faire un nom
Se firent bandits virtuoses

Pendant que les champs de bataille
Se jonchaient de morts, de blessés
Ceux-là qu'on traitait de racaille
Faisaient des raids tête baissée

Quatre années de guerre civile
Ont éradiqué l'esclavage
Mais dans l'Ouest, cette paix stérile
A fait naître vol et saccage

Les gangs, on les comptait par mille
Celui des James, Frank et Jessie
Les frères Younger, les Quantrill
Et tellement d'autres aussi

Puisqu'ils ne sont plus des soldats
Ils jouent du colt pour du fric
On les déclare hors-la-loi
Ils sont les parias d'Amérique

Aucune banque ni aucun train
N'est à l'abri de leurs attaques
Ils volent et ils tuent au besoin
Sans se soucier de qui les traque

Je commence mon histoire ici
Celle d'un petit bout de femme
Née dans les États-Désunis
Voici ses joies, ses peines, ses pleurs, ses drames...

-2-
Maybelle

John Shirley est un fermier prospère grâce au blé, marié en troisièmes noces avec Elizabeth Hatfield Shirley ; dans les années 1860, il vend la ferme et achète un hôtel, une étable et une forge dans la ville de Carthage, au Missouri. C'est là que Myra Maybelle Shirley, surnommée «May» par sa famille, est née le 5 février 1848. Maybelle Shirley reçut une instruction classique, apprit le piano et gradua avec succès au «Missouri's Carthage Female Academy», une école privée dont son père était co-fondateur. La famille Shirley déménagera une nouvelle fois pour la ville de Scyene, au Texas, peu avant la destruction de la ville de Carthage en 1864 par des bandits confédérés. C'est la même année que meurt l'aîné de la famille, John «Bud» Shirley, tué par les troupes unionistes à Sarcoxie, au Missouri.

Je suis Shirley, Myra Maybelle
Née en mil huit cent quarante-huit
May, c'est ainsi que maman m'appelle
Voici mon destin insolite

À l'académie de Carthage
J'ai appris le chant, le piano
Et je chantais, malgré mon âge
Dans un bar-saloon-casino

Ce saloon, il est à mon père
Riche fermier du Missouri
Il devient vite le repaire
Des cowboys comme des bandits

Jessie James et Cole Younger
Du temps qu'ils étaient poursuivis
Venaient y siroter leur bière
Assouvir toutes leurs envies

À seize ans, j'étais jeune et belle
Au saloon, les hommes éméchés
Disaient : «Quelle jolie rebelle?»
Mais n'osaient pas me toucher

On me jouait au revolver
On me jouait à la roulette
C'était là mon seul univers
Dont j'étais l'unique starlette

-3-
Mon premier amour - Jim Reed

(Premier mariage en 1866)

En 1866, Belle épouse James C. Reed, dit «Jim», un ami d'enfance de l'époque de Carthage. Ils ont deux enfants : une fille née en 1868, Rosie Lee dite « Pearl » et un garçon né en 1871, James Edwin, dit «Ed». Après avoir échoué en tant que fermier, Jim Reed fréquente de nombreux malfrats, dont les frères James, mais aussi le clan des Starr, une famille d'origine Cherokee connue comme voleuse de bétail et de chevaux. En avril 1874, Jim Reed attaque la diligence Austin-San Antonio et vole 2 500 dollars. Sa tête est mise à prix pour 7 000 dollars et il finit par être abattu près de Paris, Texas, alors qu'il essaie d'échapper au shérif le 6 août.

Mes yeux ne voyaient qu'un cowboy
Je rêvais de lui, jour et nuit
Il était beau comme un play-boy
Mon Roméo, c'était Jimmy

Il était mon ami d`enfance
Il devint mon premier mari
Finis les jours d'innocence
Je suis mariée avec Jimmy

Il m'a donné un long fusil
Et il m'a initiée au crime
«Pull the trigger babe, it's easy»
C'était un bum, c'était mon Jim

Il m'a donnée deux beaux enfants
Rosie Lee, puis le p'tit Eddy
Une perle, puis un garnement
Les enfants de mon chum Jimmy

Un jour, on lui tua son frère
Trouva et tua l'ennemi
Et bien qu'il fût moins en colère
J'ai dû m'enfuir avec Jimmy

Caché chacun de son côté
Nous voir n'était plus permis
Moi, je vivais de l'or volé
Par le gang de mon chum Jimmy

> Après un vol de diligence
> La loi mit sur lui une prime
> Qui excita toute une engeance
> Qui l'abattit, mon chum, mon Jim
>
> Adieu pour toujours mon chum, mon Jim… mon Jimmy

-4-
Me voila «Starr» avec Sam

Désormais veuve, Belle quitte le Texas, où sa famille avait déménagé, lui confiant ses enfants. Elle fréquente le clan des Starr, qui vit dans le territoire indien, à l'ouest de Fort Smith aux limites de l'Arkansas et de l'Oklahoma dans le massif montagneux d'Ouachita, aujourd'hui le parc d'état Robbers Cave. En compagnie des Starr, elle planifie et organise divers vols, et protège les hors-la-loi. Elle gagne suffisamment avec ses méfaits pour parfois pouvoir libérer ses complices emprisonnés le cas échéant, elle avait recours à la séduction. Sa réputation est faite. C'est en 1880 qu'elle se marie avec Samuel «Sam» Starr, un grand et mince Cherokee. La lune de miel se fit sur les 62 acres de terres de Sam situées sur la rive nord de la Canadian River, près de Briartown. Belle nomma cet endroit Younger's Bend, en l'honneur de Cole Younger.

> Comme un beau lever de soleil
> Un autre amour commence à poindre
> Ah! Il ne sera pas le moindre :
> Une épopée, une merveille
>
> Je l'ai bien vu dans mon rêve
> Oui, cet amour sera le mien
> Le voici, mon cowboy s'en vient
> Il suffit que le jour se lève
>
> Comme l'étoile du matin
> Sam arriva sur sa monture
> Son foulard bleu sur la figure
> Son colt a scellé mon destin
>
> Il était célèbre au Far-West
> Starr était son nom de famille

Parker voulait qu'on le fusille?
Starr disparaissait plus à l'ouest

Je l'ai entendu dire : «Je t'aime»
Un matin, avant son départ
«Viens avec moi, quitte ce bar
Viens vivre ma vie de bohème»

«Sam, je t'attendais tôt ou tard
Je pars avec toi mon amour
Et je te promets que toujours
Je vais être... ta Belle Starr»
Oui, je serai ta Belle Starr!

-5-
Un vol de bétail – Un procès – En prison

En 1882, des charges sont retenues contre Belle et Sam Starr dans une affaire de vol de chevaux. Le juge Isaac C. «Hanging - le lyncheur» Parker, de Fort Smith, qui poursuivait la criminelle sans succès jusqu'alors, arrête le couple qui se retrouve, en 1883, détenu pour un an à Détroit, Michigan. Belle est une prisonnière modèle, à tel point qu'elle gagne le respect de la directrice. Ce n'est pas le cas de Sam, qui se rebelle souvent et que l'on condamne à de durs travaux. Ils sont tous deux libérés après neuf mois de détention et repartent pour le Territoire Indien où ils reprennent leur vie de criminels. Les années suivantes, Belle est à plusieurs reprises arrêtée pour vol, mais le juge Parker doit la relâcher pour manque de preuves. Elle est encore arrêtée en 1886 pour avoir attaqué un bureau de poste habillée en homme.

Dans la prison du Michigan
Où je purge neuf mois de peine
Je revois ma vie de brigand
Et mes chevauchées dans la plaine

Je nous revois mon Sam et moi
À la tête de tout un gang
Cernant un troupeau de mustangs
Tentant de calmer leur émoi

C'est là qu'on nous a arrêtés
Pour vol, recel et marchandage
D'un troupeau qu'on a cru sauvage
Mais qui, au fer, était marqué

Dans ma prison du Michigan
J'ai été on ne peut plus sage
J'ai vite tourné cette page
Pour reprendre ma vie d'avant

J'ai refait le coup du bétail
Ces vols, je les faisais par cœur
Je savais cacher les détails
Au grand dam du juge Parker

Au fil des ans, tous ces larcins
Devinrent affaire lucrative
Et je donnais des pots-de-vin
Aux autorités réceptives

Cet argent m'a payé un ranch
Là où j'ai pu vivre tranquille
Me reposant dessous les branches
À l'abri des cris de la ville

-6-
L'Amazone de l'Ouest

Belle devint vite une célébrité et le journal Fox's Police Gazette la surnomma la Robin Hood (la Robin des Bois) et la Jesse James féminine, titres qui ont éclipsé peu à peu son titre de Bandit Queen (Reine des bandits ou Amazone de l'Ouest). On la vit même pour un temps participer au célèbre Wild West Show du non moins célèbre Buffalo Bill : elle y jouait un rôle dans une scène qu'elle connaissait bien : l'attaque d'une diligence.

Une longue robe en velours
Revolvers à droite et à gauche
Sur le mustang que je chevauche
Je vais en ville faire un tour

Le soir, quand la cloche sonne
Au galop, tirant du fusil
Je crie comme une Cherokee
Tous assistent au show que je donne

Derrière moi, la fumée qui reste
Semble recouvrir mes méfaits
Pour les gens, dès que je parais
Je suis l'Amazone de l'Ouest

-7-
Que sont mes enfants devenus?

En juillet 1889, le fils de Belle, Eddie, est arrêté et condamné pour vol de chevaux. Le Juge Parker l'emprisonne à Columbus, Ohio. Sa fille, Rosie dite Pearl, se prostitue pour faire sortir son frère de la prison; elle obtiendra pour lui en 1893, le pardon du président des États-Unis, Stephen Grover. Ironie du sort, Eddie devint «sherif-deputy» du Fort Smith et, à ce titre, tua en 1895 deux frères criminels nommés Crittenden. Lui-même fut tué le 14 décembre 1896 dans un saloon de Claremore, en Oklahoma.

Quant à elle, Pearl opéra plusieurs bordels à Van Buren et au Fort Smith, en Arkansas, du début des années 1890 et ce, jusqu'à la Première Guerre mondiale. Telle mère, tels enfants!?!

Je me demande : «*Que sont mes enfants devenus?*»
Mon tout petit Edwin, et Rosie Lee, ma perle
Que faites-vous, depuis ma dernière venue?
Restez bien à l'abri des vents forts qui déferlent!

Je me demande : «*Que sont mes enfants devenus?*»
Mon tout petit Edwin, et Rosie Lee, ma perle
Je nous vois tous dans un monde plus ingénu
Où l'on n'entendrait plus que la flûte et le merle

Je me demande : «*Que sont mes enfants devenus?*»
Mon Edwin, on me dit que toi aussi tu voles?
Rosie Lee se prostitue pour un revenu?
Mon Dieu! Comme toutes ces choses me désolent...

-8-
La mort de Sam dans un «gunfight»

Le 17 décembre 1886, lors d'un party de Noël, Sam Starr et Frank West, un ennemi de longue date, décident de régler une vieille querelle et se retrouve face à face dans un duel. Les deux belligérants mourront peu après de leurs blessures.

Je vous accuse Officier West :
Vous avez tué ma monture
Je vous en prie «*Be my guest*»
Sortez dehors, je vous conjure

Ayez votre colt avec vous
Vérifiez qu'il a ses six balles
Vous devrez tirer coup sur coup
À vingt pieds, la lutte est égale

Je vous ai tiré dans le cou
On voit votre sang qui dégoutte
Vous êtes blessé, à genoux
Mourant, il n'y a pas de doute

Ce duel semblait prendre fin
Sam Starr emportait la victoire
Lorsque dans un effort soudain
West voulut continuer l'histoire

Il leva le bras et fit feu
Sam prit la balle dans les côtes
Il trébucha, cligna des yeux
Et hurla pour qu'on la lui ôte

Deux hommes sont morts ce jour-là
Le voleur et le détective
Ces duels faisaient des dégâts
Et aux femmes, des douleurs vives

Belle, la «reine des bandits»
Qui vit agoniser son homme
Sonnée tel un bœuf qu'on assomme
Du crime en perdit l'appétit

-9-
Toujours Starr avec Jim July Starr

Pendant un peu plus de deux années, les journaux à potins et à scandales l'associent avec plusieurs hommes aux noms colorés jusqu'au jour de son troisième mariage avec un parent de son défunt mari.

Après la mort de mon mari
Je fus un objet de scandales
J'ai eu plusieurs petits amis
De courtes amours immorales
Tous portaient un nom coloré
Aux consonances un peu bizarres
Et de piètre renommée
Blue Duck, Jim French et Jack Spaniard

Un jour pourtant je fis un choix
Sur un gars de trente ans à peine
Je voulais qu'aux yeux de la loi
Je sois sur une Terre indienne

Mariée à Jim July Starr
De quinze ans mon cadet
Je restais toujours une star
Dans ce grand far-west que j'aimais

J'ai vécu avec Jim July
Vie que je désirais plus douce
Mes folles chevauchées, bye bye!
Je regarde mon blé qui pousse...

-10-
Une balle dans le dos

Belle Starr meurt de manière tragique deux jours avant ses 41 ans, soit le 3 février 1889, près de son ranch d'Eufaula dans l'Oklahoma. Elle revenait à cheval de faire quelques achats quand quelqu'un lui tira dans le dos. L'identité du meurtrier n'a jamais été élucidée mais plusieurs personnes furent suspectées.

J'ai reçu une balle dans le dos
Qui a tiré, qui a eu cette audace?
Mon enfer sera sans repos
Je meurs sans lui avoir vu la face

Oui, je comptais bien quelques ennemis
Dans le temps de ma vie moins tranquille
Pour me retrouver, beaucoup s'y sont mis
Flics, chasseurs de primes, fermiers hostiles

Oui, la vie que j'ai vécue
A fait des morts et des blessures
Mais elle ne m'a jamais déçue
Je l'ai vécue à toute allure
Je l'ai vécue à toute allure – au grand galop!

J'ai reçu une balle dans le dos
Qui a tiré, qui a eu cette audace?
Mon enfer sera sans repos
Car je meurs sans lui avoir vu la face

Mais qui maudire du fond de mon enfer?
Mon Jim July, mon amant Cherokee
Ou ce Watson dont je squattais les terres
Un soupçon pesa même sur mon fils Eddy

Oui, la vie que j'ai vécue
A fait des morts et des blessures

Elle ne m'a jamais déçue
Je l'ai vécue à toute allure

C'est ça la vie que j'ai vécue
Je l'ai vécue à toute allure
Je l'ai vécue à toute allure – au grand galop!

-11-
Épitaphe

(Épitaphe rédigée par sa fille Pearl)

Ne versez pas, pour elle, de larmes amères
Et ne laissez pas votre cœur la regretter
Il n'y a ici qu'un cercueil, dedans : ma mère
Et cette gemme qui dort, toujours va briller

«Shed not for her the bitter tear
Nor give the heart to vain regret
'Tis but the casket that lies here
The gem that filled it sparkles yet»

Ne versez pas, pour elle, de larmes amères
Et ne laissez pas votre cœur la regretter
Il n'y a ici qu'un cercueil, dedans : ma mère
Et cette gemme qui dort, toujours va briller

•—•

Déclaration de Belle Starr au journal *The Fort Elevator*, un an environ avant sa mort :

«I regard myself as a woman who has seen much of life.»
«Je me considère comme un femme ayant beaucoup vécu.»

Belle Starr aura vraiment été, à sa manière, une star de l'Ouest américain!

L'AVENIR, MAIS QUEL AVENIR?
Mes vœux pour un an prochain (Décembre 2015)
…et pour les suivantes aussi, j'en ai bien peur!

Une société québécoise…
Respectueuse des différences
Mais fière et orgueilleuse de son histoire
De ses racines et de ses valeurs
Qui met au monde assez d'enfants pour se renouveler
Qui accueille avec soin des immigrants
Qui démontrent un intérêt
Pour la société qui les accueille
Qui érige à ses enfants des écoles
Confortables et fonctionnelles
Qui considère l'éducation et l'enseignement
Comme les conditions sine qua non de sa survie

Des écoles…
Qui enseignent la discipline et les disciplines aux jeunes
Et qui interpellent les jeunes comme les parents

Un monde du travail…
Qui n'accueille pas les jeunes comme des orphelins
En édictant pour eux une clause «orphelins»
Qui limite leurs droits et leurs avantages
Patronat, les jeunes t'aimerait *Santa Clauss*
I.e. «*Sans ta clause*» des orphelins!

Une justice…
Qui ne ruine pas ceux et celles qui la revendiquent
Qui ne libère pas ses criminels et ses vicieux…
…Pour vice de forme

Des religions…
Qui prônent l'amour dans leurs églises, leurs temples
Leurs synagogues et qui le pratiquent à l'extérieur

Une église catholique...
Qui accueille avec amour, sans préjugés
Sans tergiversations ni sexisme
Et qui serait beaucoup moins riche
D'avoir trop donné aux pauvres et aux démunis

Un peuple québécois...
Qui connait son histoire et parle sa langue
Correctement et avec fierté

Des jeunes...
Qui deviennent des adultes dès l'âge adulte!

Des adultes...
Qui cessent un jour d'agir comme des enfants ou des ados

Des aînés...
Qui ne s'exilent pas six mois tous les hivers venus

Des enfants...
Qui n'abandonnent pas leurs parents et grands-parents
Eux qui ne les ont jamais abandonnés

Des élus et des élites...
Qui ne se conduisent pas comme des truands

Des gouvernements...
Qui ne sont pas gouvernés par le capital et e eul intérêt$
Et qui dépensent notre argent
Aussi sagement que si c'était le leur

Un monde...
Naturellement respectueux de la nature
Désarmant par l'absence d'armes
Sans égal pour l'égalité entre les humains
Et surtout, surtout, surtout
Qui ne rejette plus jamais d'Aylan Kurdi
Sur aucune de ses plages!

DES FLEURS ET DES ÉPINES ~ DERNIÈRE
Que le monde est merveilleux!

What a wonderful world! – George David Weiss/Bob Thiele/Louis Armstrong

Louis Armstrong, afro-américain, est né à la Nouvelle-Orléans, Louisiane, en 1901 et est décédé à New-York en 1971. Il fut un trompettiste de jazz renommé. Pendant plus de quarante ans, de tournées en tournées, Louis Armstrong devint le meilleur ambassadeur du jazz à travers le monde entier. Son interprétation de la chanson *What a wonderful world*, sortie en 1968, devint son dernier mais son plus énorme succès, qu'on ne peut dissocier de la lutte pour les droits civiques des Noirs aux États-Unis. Un seul mot transcende les paroles de cette chanson : ESPOIR!

I see trees of green	Je vois les arbres verts
Red roses too	Les roses rouges
I see them bloom	Tout leur éclat
For me and you	Pour toi et moi
And I think to myself	Et je me dis tout bas
What a wonderful world	Que le monde est merveilleux!
I see skies of blue	Je vois les ciels bleus
And clouds of white	Les nuages blancs
The bright blessed day	Les jours radieux
The dark sacred night	Les soleils couchants
And I think to myself	Et je me dis tout bas
What a wonderful world!	Que le monde est merveilleux!
The colors of the rainbow	Les couleurs de l'arc-en-ciel
So pretty in the sky	Si jolies dans le ciel
Are also on the faces	Sont aussi dans les cœurs
Of people going by	Des milliers de flâneurs
I see friends shaking hands	Vois, ils se serrent la main
Saying «*How do you do?*»	Se disent : «*Ça va, l'ami?*»
They're really saying	Mais, j'entends très bien
«*I love you!*»	Leurs : «*Je t'aime!*» aussi

I hear babies crying	Je vois les enfants
I watch them grow	Devenir grands
They'll learn much more	Beaucoup plus savants
Than I'll never know	Que dans mon temps
And I think to myself	Et je me dis tout bas
What a wonderful world	Que le monde est merveilleux !

Ode à la dernière baleine
To The Last Whale (David Crosby/Graham Nash)

En 1975, David Crosby et Graham Nash ont écrit cette très belle chanson :
To The Last Whale - Critical Mass - Wind on The Water

Quand la dernière baleine aura disparue, l'homme méritera-t-il de lui survivre?

Depuis longtemps, nous te pourchassons
Nous les hommes avec nos harpons
Et d'ici peu tu vas mourir
Pour nos chiens, nos chats à nourrir
Pour mettre nos fleurs dans des pots
Et faire rouges à lèvres et fards pour la peau

Depuis longtemps, tu parcours les océans
Animée de tes seuls sentiments
Te voilà couchée sur le rivage
Ton corps mis au dépeçage
Ce carnage est honteux
Il nous éclabousse les yeux

Nous partirons peut-être
Nous disparaîtrons peut-être
On sait bien ce qui va arriver
Mais on ne veut pas s'en occuper

Sous le pont
Au-dessus de l'écume
Le vent sur l'onde...
Ramène-moi à la maison...

To The Last Whale (V. O.)

(David Crosby – Graham Nash)

Over the years you have been hunted
By the man who throws harpoons
And in the long run he will kill you
Just to feed the pets we raise
Put the flowers in your vase
And make the lipstick for your face

Over the years you swam the ocean
Following feelings of your own
Now you are washed up on the shoreline
I can see your body lie
It's a shame you have to die
To put the shadow on our eye

Maybe we'll go
Maybe we'll disappear
It's not that we don't know
It's just that we don't want to care

Under the bridge
Over the foam
Wind on the water
Carry me home...

Sparkles in your eyes
(Inédit - Septembre 2017)

You can climb any mountain
If you do it step by step
You can go thru the pouring rain
Come away from your doorstep

Yes, you can sail any ocean
No need for a magic potion
You can walk thru any desert
But expect to spoil your shirt

Yes, you can cross any river
As wide as it could be
Just don't say it is over
Until the end is up to see

You can jump over the valley
And make it your grand finale
Never mind if you're big or thin
Sure in the end you can win

You must live your life
Blessing every sunrise
You must live your life
With sparkles in your eyes

Sometimes you'll be sad
And sometimes you'll be hurt
Sometimes you'll get mad
Asking why mom gave you birth

(SUITE...)

Tomorrow will be coming
With a brand new sun shining
Then a beam of light in your hand
Will show you the way... till the end

No, you can't win all your races
Nor cannot all embrace
But one thing you can make
Is living your life for god sake

You must live your life
Blessing every sunrise
You must live your life
With sparkles in your eyes

Entropie ou néguentropie (Inédit - Septembre 2017)

Entropie ou néguentropie?
Vers le meilleur ou vers le pis?
Vers l'ordre ou bien vers le désordre?
De rire ou bien de mal, se tordre?

On construit des ponts entre civilisations
Ces ponts qui, hier encore, fêtaient l'union
Sont bloqués par chars et blindés : amputations!
Je regarde tout autour de moi, et je souffre
Car la paix, partout, oui, partout, a goût de soufre

Cent fois détruits, puis rebâtis
Marche-t-on vers un meilleur monde?
Reculons-nous à chaque ronde?
L'évolution, avez-vous dit?

Certitude/incertitude (Inédit - Mars 2018)

Oui ou non
Tout ou rien
Vrai ou faux
Bon ou mauvais
Pour ou contre
Blanc ou noir
Ouvert ou fermé
Zéro ou l'infini
La **certitude**
Crée la solitude
La platitude
La rectitude
La servitude
L'**incertitude**
Crée la latitude
La mansuétude
La sollicitude
La voilà, la bonne attitude!
Faisons-la nôtre, cette incertitude!

VIVRE

SOUFF  RIRE

MOURIR

Recueil no 3

Encore plus de fleurs et d'épines!

Un troisième recueil de chants et de poésie

Textes inédits

Patiner en Absurdistan	page 187
C'est beau l'Italie…hein?	page 244
Le zoo en folie	page 252
Poémath	page 265
En tous K	page 266
Le début de la fin	page 272
Un enfant joue…	page 274
Cycles	page 275
Les sphères	page 276
Tourner en rond… Pi?	page 276
Apocalypse	page 278
Regrets tardifs	page 278
Florilège de pensées	page 279
«Dernière» finale?	page 280
C'est «leurre»	page 281
Si tu vois Dieu…	page 282

© 2017 Luc A. Granger (Éditions du Ch'min Hemming)

Edition : BoD – Books on Demand
12/14 rond-point des Champs Elysées
75008 Paris

Imprimé par BoD – Books on Demand, Norderstedt
ISBN : 9782322140466

Dépôt légal : Mars 2017 (Pour la première édition)

Je dédie ce troisième recueil de chants et de poésie à tous les membres de toutes mes familles.

Encore merci au monde pour m'avoir inspiré plusieurs chants et poèmes de ce recueil; on me souffle à l'oreille qu'il continuera, le monde, d'être l'un de mes meilleurs fournisseurs de faits et d'anecdotes! Ô! Dieu, puisse l'émotion ne mourir jamais!

Un clin d'œil admiratif à Marc Favreau et à son personnage de Sol, un clown volubile, jongleur de mots, conteur et poète. J'ai joué à faire le «clone» dans la deuxième partie de cet ouvrage.

TABLE DES MATIÈRES

VIVRE – SOUFF 🎭 RIRE – MOURIR

Vivre, souffrir et mourir	page 165
Laissez venir à moi...	page 166
J'ai créé un ange!	page 170

Plus un extrait de : Si Dieu existe (Claude Dubois)

L'homme vs la Nature : le combat!	page 171
Pôl Uwé, le petit brocanteur	page 173

LA VIE DE MON PAYS

«Fatras» de Prévert	page 175

Incluant 3 extraits de chansons de nos plus grands :
L'alouette en colère (Félix Leclerc)
Les gens de mon pays (Gilles Vigneault)
Quand les hommes vivront d'amour (Raymond Lévesque)

Les sept péchés du capital	page 177
Qui sont nos modèles?	page 179
Québec	page 182
L'accident de Québec	page 183
Mes beaux-frères	page 184
Le respect de l'habit	page 186

VIVRE EN AMOUR

Une autre histoire d'amour... mais à quels titres?	page 189

LA VIE DES MIENS

L'odyssée de l'ancêtre Laurent Granger	page 195
Hommage de Luc à son père	page 203
Ô Mères!	page 209
Discours à l'occasion d'un 10ᵉ anniversaire	page 210
45ᵉ anniversaire de mariage d'Yvonne et d'Ernest	page 211

Plus un extrait de : Quand on n'a que l'amour (Jacques Brel)

50ᵉ anniversaire de mariage d'Yvonne et d'Ernest	page 215

Plus un extrait de : On va s'aimer encore (Vincent Vallières)

Pour les 80 ans d'Ernest Poisson	page 217
J'ai oublié	page 223
Le marché Verlaine	page 224
Les retrouvailles des amis de la Côte	page 225

LE FRANÇAIS À LA LIVRE

Lettre d'un séminariste à son père	page 227
«Sexagération» en sextine	page 229
Gros bouquin, grosse déception	page 230
L'histoire d'A	page 233
L'Arche de Zoé	page 234
Petite leçon de français no 1	page 235
Petite leçon de français no 2	page 240
La volière en folie	page 246
L'aquarium en folie	page 247
Le jardin botanique en folie	page 249
Chapeau!	page 255
Chez les Grecs	page 256
Historia ex-tréma	page 257

Plus un extrait de : La langue de chez nous (Yves Duteil)

Lectures indigestes :

Où est le hic?	page 259
Une arnaque démoniaque	page 260
Le troc du froc	page 261

Plus un extrait de : Moi, j'mange (Angèle Arseneau)

Déçu de ça?	page 263

Plus un extrait de : Encore des mots (Plume Latraverse)

Chez les Grecs	page 262
Les potes Ti-Pat et Ti-Pit	page 265
Une armée de «lettrés» «sans-papier»	page 267
Jouer en français	page 270
Jouer en français – Solutions et explications	page 271

DES FLEURS ET DES ÉPINES

Les deux frères	page 272
Comme «maman» fait-elle?	page 273

Ô! Musique!

Pour la joie, la peine, la vie, la mort, pas de panique :
Il y a moi, il y a toi, il y a l'amour, et il y a la musique!

VIVRE – SOUFF 🎭 RIRE – MOURIR

Vivre, souffrir et mourir (Mars 2017)
**Pour ceux et celles qui vivent leur mort
presque aussi longtemps qu'ils ont vécu leur vie.**

Naître
Vivre
Vivre peu
Vivre un peu
Vivre un peu plus
Vivre un peu plus longtemps
Vivre bien
Vivre mieux
Vivre un peu mieux
Ah! Vivre vraiment!
Vivre un malaise
Vivre un mal
Vivre malade
Vivre malade longtemps
Vivre malade très longtemps
Mourir petit à petit
Mourir à petit feu
Mourir longtemps
Mourir très longtemps
Mourir trop longtemps
Vivre peu
Vivre mal
Vivoter
Ne plus vivre
Survivre
«Sousvivre»
Et mourir
Mourir sans fin
Mourir à la fin
Ah! Mourir enfin!

Laissez venir à moi... (Février 2017)

Pour tous les enfants de la Terre abusés par leurs protecteurs qui ont lâchement et violemment «scrappé» leur enfance.

Laissez venir à moi tous les petits enfants
Aurait dit Jésus-Christ lors d'un rassemblement
Chacun sait que leur monde n'est qu'innocence
Qu'ils ont à l'égard des grands, pleine confiance

Le curé dit aux parents : confiez-moi ce garçon
Il sera servant de messe en quatre leçons
On le vit donc à l'offertoire du dimanche
Tendre burettes, bras menus sortant des manches

Le prêtre fit porter l'essence de son sermon
Sur l'amour du prochain, le respect : être bon!
Voilà la seule façon, voilà la recette
Pour, du firmament, devenir une vedette

Le jeune, tout fier, tout nerveux, tout solennel
Affichait altière mine devant son paternel
Ayant réalisé chacune de ses tâches :
«Merci mon Dieu! Et sans que mes jambes ne lâchent!»

Le célébrant remit à l'enfant son amict
Tout en lui faisant force sourires amis
«Ite missa est», le monde quittait l'église
Le retour en sacristie était donc de mise

Le jeune ôta sa belle aube immaculée
Et, à cet instant précis, tout a basculé
Cet homme, pourtant si fin, si doux, si bonasse
Fit une chose insensée et dégueulasse (SUITE...)

Dans les yeux du jeune enfant, des larmes coulaient
Trop de joie, d'allégresse? C'est ce qu'on croyait...
Ce qu'on ne savait pas, c'est qu'après cette messe
Le célébrant lui avait farfouillé les fesses

«N'en parle pas à tes parents», ordonna-t-il!
«Apprends : souffrir est humain, c'est dans son profil
Pour aller au ciel, il faut subir en silence
Désobéir serait d'une grande imprudence»

L'enfant se tut, sur ceci, sur cela, sur tout
Il devint taciturne, renfermé surtout
On ne le vit plus jamais sourire, ni rire
Il était en santé : on le crut capricieux, ou pire

Le môme pensait que quelqu'un autour de lui
Pourrait deviner ce qui causait son ennui
Il croyait aussi à la justice immanente
En vain! Les foudres de Dieu restèrent absentes

Beaucoup plus tard, il apprit que le Vatican
Fut mis au fait, mais il n'en fit aucun boucan
Évêques, archevêques, et même le pape
Savaient; on tut tout, aucun curé n'eut de tape

«On ne remet pas en cause la sainteté
Du sacerdoce et du vœu de chasteté
Pour quelques vies salies, gâchées, brisées, détruites
Ces choses-là, se sont-elles vraiment produites?»

Lui sortit de son mutisme finalement
Puis d'autres voix s'élevèrent également
On fit plusieurs procès; ce qu'on voulait en somme
Renaître, et regagner sa dignité d'homme (SUITE...)

Il a fallu un tribunal, trente ans plus tard
Pour punir les clercs qui, cachés dans un brouillard
Créé par la sainte institution catholique
Se terraient dans un silence pharisaïque

Comment pouvaient-ils prétendre aimer leur Dieu
Après avoir, en d'autres temps, en d'autres lieux
Abusé de tant de personnes innocentes
Et mené une conduite aussi indécente?

Comment ont-ils pu vivre pendant tant d'années?
Se confesser était-il un tel succédané
Qu'ils pouvaient s'endormir, dormir l'âme légère
Leurs fautes toutes pardonnées, par prêtre frère?

Quelle pénitence avaient-ils pu recevoir :
Réciter quelques Ave, oui, juste pour voir?
A-t-on vraiment cru que cela pourrait suffire?
La rechute était-elle si dure à prédire?

Revenons à l'enseignement de Jésus-Christ :
«Nul n'entrera dans mon royaume, je le crie
Si votre âme et votre cœur ne sont semblables
À ceux d'un enfant, doux, pur et irréprochable...»

«Oui, laissez venir à moi les petits enfants
Qu'on ne touche pas à aucun de ces innocents
Protégez-les, et prenez-en surtout grand soin
À qui les abusera, l'enfer n'est pas loin!»

Toute mon enfance ne fut que ça, l'enfer...
Je servais des messes de morts pour Lucifer
Chaque dimanche, mon curé avait des cornes
Et un membre viril qui dépassait les bornes (SUITE...)

Les communautés fautives ont payé cher
En argent; moi, j'avais payé mais dans ma chair
Dans mon cœur, et dans mon esprit, et dans mon âme
L'abandon coupable à cet être infâme

Car j'étais jeune, j'étais petit et confiant
Je mangeais de la religion, j'en étais friand
J'avais comme seul rêve : devenir un prêtre
Être un modèle, et le protecteur des êtres

Je devais accepter humblement de souffrir
De tous les coups que la vie avait à m'offrir
Voilà, je consentirais à tous les sacrifices
Pour pouvoir célébrer un jour le saint office

Un jour, je n'en pus plus, je quittai tristement
Accusant l'ancien et le nouveau testament
De tous les torts, de toutes mes mésaventures
Je ne retins que l'œil pour œil, pour la facture

Je l'ai dit : leur délit est domaine public
Ces hommes, grands naguère, ont coulé à pic
On les croyait emplis de bonté, de sagesse
Lors qu'ils n'étaient que désir de chair et faiblesse

La fin de mon histoire n'est pas le bonheur
Aucune peine n'apportant la paix du cœur
Mon prêtre était un Judas, et rien, non, rien d'autre!
J'étais l'enfant Jésus, trahi par son apôtre…

•_•

Si Dieu existe et qu'il t'aime comme tu aimes
Les oiseaux comme un fou comme un ange…
Claude Dubois

J'ai créé un ange (Février 2017)

À Saint-Élie-de-Caxton, le dimanche 19 février 2017, Miley G., 4 ans, a été écrasée par la camionnette conduite par son père. Celui-ci reculait sa camionnette dans l'entrée de sa propriété du chemin Bellerive. Constatant les graves blessures de sa fille, le père l'a mise dans la voiture et a pris la direction de l'hôpital. En chemin, l'homme a contacté les autorités et, à Saint-Boniface, il a transféré sa fille aux ambulanciers. La mort de l'enfant a été constatée à l'hôpital où le père a dû être, lui, hospitalisé pour choc nerveux.

Y a-t-il plus grande souffrance en ce bas monde
Que celle de parents à qui l'on ôte un enfant
Par causes externes : maladie, ou geste immonde?
Et autres vies gâchées par un mal étouffant?

On en veut à mort à quelqu'un qui n'est pas nous :
On en veut au destin, ou à Dieu, ou à Diable
On pleure, on crie, on supplie, debout, à genoux
Sans venir à bout du grand mal qui nous accable

Il existe une douleur qui encor plus dérange
Tel père qui, et malgré maintes précautions
Fauche la vie de l'objet de sa dévotion
«Aujourd'hui, quel grand malheur : j'ai créé un ange!»

Tout en priant son ange de lui pardonner
Son geste, aussi funeste qu'inattendu
Il revivra ces instants qui l'ont condamné
Lui, à un perpétuel «Ah! J'aurais donc dû!»

Est-ce qu'on peut s'évader d'un tel cauchemar?
Peut-on guérir d'une blessure aussi profonde?
«Ne serais-je désormais plus qu'un nénuphar
Errant, flottant, mort, à la surface de l'onde?... »

Qu'être quand on est, par le remords, poursuivi?
Pouvoir remonter le temps, créer la machine
À redonner l'espoir, à redonner la vie!
Cet engin n'existe pas... mais moi, j'imagine... (SUITE...)

Il ne me reste plus que l'imagination
Cette folle du logis qui vit dans ma tête
Je ne suis qu'un yo-yo de grande dimension
Qui dort, les jours de peine et les jours de fête

Je ne verrai pas ma fille entrer à l'école
Rapporter à la maison devoirs et leçons
Je ne serai pas celui qui comprend les colles
Qui en fait une charade, une chanson

Je ne la verrai pas, ma fille, se marier
Avec un garçon que j'aurais aimé connaître
Il m'est inutile désormais de parier
Sur le nombre de mes petits-enfants à naître

Je ne verrai pas ma fille devenir mère
Aimer, aider, punir, s'inquiéter, s'emballer
Éviter à ses enfants peines et misère
Jusqu'au jour où, eux aussi, s'en seraient allés

Non, ma fille ne peut plus grandir ni vieillir
Évaporées à jamais ses joies et ses peines
Elle ne pourra plus ni aimer ni haïr
Toutes ces espérances sont devenues vaines

Je suis la cause de toutes ces conséquences
Ma vie n'est plus qu'une condamnation à mort
Qui commence dès maintenant, forte et intense
Qui me rappelle tous les jours quel est mon tort

Voilà! Adieu ma fille et bonjour mon ange
Prie fort pour ton père qui vivait pour t'aimer
Ouïr un son, voir une image de toi dérangent
Comme je souffre! J'ai mal à en blasphémer!

L'Homme vs la Nature : le combat (mars 2017)

**L'humain est un génie du bien et un génie du mal;
il est capable du meilleur comme du pire...**

Dans le coin gauche, voici madame Nature
Dans le coin droit, l'Homme, quelle musculature!
Un combat de morts entre ces deux adversaires
Déterminera qui est le plus sanguinaire

D'abord la Nature, car l'Homme vint après
Puis quelques jabs pour stimuler notre mémoire
Plus tard, vous comprendrez que j'ai fait tout exprès
Histoire de bien puncher ma petite histoire

Elle est experte en cataclysmes et tempêtes
La Nature qui supprime bon an mal an
Quelques millions de vies, quelques millions de têtes
Qui s'ajoutent aux morts naturelles s'entend

Voici des statistiques qui ne mentent pas
En Chine, dans l'histoire, cinq crues meurtrières
Ont fait un peu plus de deux millions de trépas
Huit cent mille morts dans un tremblement de terre

Voilà les pires catastrophes naturelles
Chacun des autres séismes, et quel qu'il soit
A causé moins de dommages et de séquelles...
Nature, on peut quand même te montrer du doigt!

Y a-t-il un dieu ou un diable ici-bas
Qui permît que de telles choses arrivent?
Qui eût créé toutes les vies puis un bât
Se mutant en arme de destruction massive?

(SUITE...)

Dans l'autre coin nous avions, souvenez-vous, l'Homme
Le jeune challenger qui veut faire ses preuves
Démontrer qu'il a bien mangé de cette pomme
Qui l'a exclu de l'Éden, soumis aux épreuves

Depuis ce jour, il rêve de gloire, de pouvoir
Tapant sur son voisin à grands coups de gourdins
Pour tuer son être et lui soutirer son avoir
Violer sa femme et agrandir son jardin

Inventant la science, il a inventé les armes
Il se fit une épée, une lance et un arc
Bâtit une catapulte semant l'alarme
Pour, dans l'histoire et dans le sang, laisser sa marque

Pourquoi le challenger, insatiable meurtrier
Se serait-il arrêté là sur cette route?
La poudre, la dynamite furent créées
Puis la bombe atomique, la pire de toute

C'est à partir de là que l'Homme fut capable
De bien faire dans ce match de morts à finir
Ses deux dernières guerres ont eu de notable
La niaiserie pour cause, il faut s'en souvenir

Le bilan des conflits, il ne fait plus débat
Soixante-dix millions de personnes sont mortes!
L'Homme est donc déclaré grand gagnant du combat
K.O. Nature qui se croyait la plus forte!

Note : Après le combat, certaines personnes qui gravitent autour de dame Nature, l'auraient entendue grommeler menaces et paroles de revanche; ce qui n'augure rien de bon pour l'avenir de l'Homme. À suivre…

Pôl Uwé, le petit brocanteur (Mars 2017)
Agbogbloshie, banlieue d'Accra, Ghana, Afrique occidentale

Moi, je suis Pôl Uwé, le petit brocanteur
Mes amis et moi vivons sur une montagne :
Téléphones, micro-ondes, ordinateurs
Sont les objets, les raisons de notre campagne

Nous y sommes jusqu'à la tombée de la nuit
Nous fouillons, farfouillons le mont et ses entrailles
Deux cent mille tonnes de déchets, de débris
Tâter, ausculter, trouver, c'est notre bataille

Mon job : déterrer des métaux lourds ou précieux!
Donc, je marche dans la ferraille et le plastique
Je me sens aussi près de l'enfer que des cieux
Sur ces épaves de déchets électroniques

Quatre années déjà que j'exerce ce métier
Le docteur me dit que j'ai un mal pulmonaire
«Mal incurable, à moins que vous arrêtiez»
Dans mon village, qu'y a-t-il d'autre à faire?

Depuis lors, je ne me pose plus la question
Ma famille a besoin de l'argent que je ramène
Pour mes parents malades, pris de congestion
Je continuerai donc mon ascension quotidienne

Moi, je suis Pôl Uwé, le petit brocanteur
J'ai eu douze ans lundi, la dernière semaine
Je suis sur ma montagne, chaque jour, vingt heures!
Je mourrai jeune... qui en aura de la peine?

LA VIE DE MON PAYS
«Fatras» de Prévert (Mars 2017)

Ce matin, je suis en train de compter mes vers
Tout en savourant un bon café dans un verre
La une d'un journal m'a mis tout à l'envers :
«Le Québec est vermoulu : oui, il a des vers!
Les Québécois ne sont que des frères convers
Au nationalisme doux, timide et larvaire
Ses pires soubresauts ne sont que faits divers
Un pays? Lubie remise au diable vauvert!»
Ah! Québec! Ton poète est en beau joualvaire :

L'alouette en colère (1972) (Extrait)
Félix Leclerc (02/08/1914 - 08-08-1988)

J'ai un fils dépouillé
Comme le fut son père
Porteur d'eau, scieur de bois
Locataire et chômeur
Dans son propre pays
Il ne lui reste plus
Qu'la belle vue sur le fleuve
Et sa langue maternelle
Qu'on ne reconnaît pas

Je me suis endormi : j'ai rêvé d'un pré vert
D'un conte de fée avec des souliers de vair
Dans lequel le Québec sortait de son calvaire
Un Québec orgueilleux mais bien ouvert!
À force de «picosser» comme le pivert
Il avançait, bien mieux, il passait au travers
Pour fêter sa liberté nouvelle, mettait le couvert
Sur la table fleurie, du drapeau recouvert...
Ton poète dit : «Finis les peurs, les revers!» :

Les gens de mon pays (1965) (Extrait)
Gilles Vigneault (27/10/1928)

Je vous entends cogner
Comme mer en falaise
Je vous entends passer
Comme glace en débâcle
Je vous entends demain
Parler de liberté

Québec, ce pays à l'avenir entr'ouvert
On l'encourage bien : continue, persévère
Surtout, mon Québec, ne déçois pas l'univers
Sois une nation à la probité sévère
Celui qui aide l'autre à sortir de l'hiver
Celui qui prône paix, amour, bas les revolvers!
Sois celui qui, au fusil, met la primevère
Si la guerre se joue pile, choisit l'avers!
Cela redonnera espoir à ton trouvère :

Quand les hommes vivront d'amour (1956) (Extrait)
Raymond Lévesque (07/10/1928)

Quand les hommes vivront d'amour
Il n'y aura plus de misère
Et commenceront les beaux jours
Mais nous nous serons morts mon frère
Quand les hommes vivront d'amour
Ce sera la paix sur la Terre
Les soldats seront troubadour
Mais nous, nous serons morts mon frère

Un rêve à titiller nos glandes salivaires
Pays en gestation dans un commun ovaire
Mais sachez comment tout cet avenir s'éclaire :
Marcher, œuvrer, main dans la main, à découvert!

Les sept péchés du capital (Mars 2017)

La publicité, maligne, rusée, et sans vergogne, utilise toutes les faiblesses de l'humain. Il est possible de prendre une série de publicités et d'identifier le péché capital ou les péchés capitaux qui sont sollicités : déculpabiliser la paresse (oubliez vos soucis), justifier l'orgueil (parce que je le mérite), exciter la luxure (en général par l'image), stimuler la cupidité et l'avarice (placements financiers et immobiliers), susciter l'envie et la jalousie (tous les autres en ont...), déculpabiliser la gourmandise (non, manger ne peut pas vous faire de mal).

La publicité est un mal nécessaire, nous dit-on
Sans elle, pas de journaux, de radio, de télévision
Les sponsors en profitent pour profiter de nous, nigauds
Qui sommes humains avec nos faiblesses et nos défauts

Naguère, la pub se faisait plus discrète, plus timide
On sentait sa gêne à interrompre notre émission
Son bien se vantait en quinze secondes, c'était rapide
Elle agaçait mais on se plaignait peu de cette intrusion

Mais disons-le franchement, déjà elle était mensongère :
La cigarette de bon goût pour tout ce que tu espères!
Elle promettait du rêve, de l'à-peu-près et du faux
Car trente ans de fumée plus tard, tes poumons te font défaut

Avec cette voiture, tu te sentiras plus puissant
Elle a les formes de la pin-up vêtue de presque rien
Qui te dévoile son corps et le crédit qu'on te consent
Égorgé, peut-être... rouler en fou te fera du bien!

Viens te régaler dans notre établissement de fast-food
Hambourgeois jumbo, liqueur géante, frites illimitées
Question santé, n'écoute pas les alarmistes qui boudent
Et qui sèment le bruit que gras et sel sont calamités

(SUITE...)

As-tu acheté ton billet de loterie «sept-cinquante»?
Avec quarante millions : achète tout ce qui te tente
Tu pourrais cesser de travailler, paresse vagabonde
Tout ça est possible, la chance appartient à tout le monde

Chez nous, chez «Bancroute», on s'occupe de tes placements
D'ici dix ans, ou vingt, ou trente, ou aux calendes grecques
Tu deviendras riche tel Crésus, Onassis, ou un cheik
À moins que survienne un krach en bourse, évidemment

On vit la publicité, avec le temps, se sentir plus forte
Indispensable, on ne pouvait plus la mettre à la porte
Elle rallongea ses annonces et multiplia ses spots
Pour nous vendre ses chars, sa bière et ses petites culottes

Le CRTC*, c'est notre organisme chien de garde
Les maisons de publicité savent comment on l'éblouit!
Leurs annonces, leurs pubs, pouvaient bien n'être que de la marde
Quand on lui offre un os à ronger, lui, toujours, répond : oui

Là, j'en vois qui tiquent sur la vigueur de mon commentaire
Il exagère un brin, même beaucoup, il devrait se taire
Je vous fais une démonstration mutatis mutandis
Vous verrez bien, vous aussi, à la fin, vous serez en criss

Le jeu et la boisson, hier apanage du crime organisé
Sont désormais repris et pris en charge par l'État
Leur publicité promet aux clients plaisirs garantis
La boisson noiera leur peine de n'être pas bien nantis

La preuve est faite que cigarettes et vitesse tuent
Mauvais placements, loterie font des suicidés, déçus
La malbouffe fait des obèses et des diabétiques
Libres toujours ceux qui causent ces résultats dramatiques!

(SUITE...)

Oui, nous vendre l'indispensable dont on n'a pas besoin
L'inutile superflu qui encombrera nos maisons
Les maisons de pub, pour ce faire, y mettent tout leur soin
Et tellement d'argent que c'en est scandale et déraison

Il arrive même, et même de plus en plus souvent
Que la publicité qui interrompt le téléroman
Soit de meilleure qualité que l'émission elle-même
Ce qui en soit est d'un illogisme et un non-sens suprême

Et l'on pousse l'ironie jusqu'à faire des émissions
De trente minutes avec un objet ou une personne
Qui méritent zéro seconde, zéro considération
Jamais on ouït du CRTC une cloche qui sonne!

De plus en plus, est devenu possible avec la technique
De passer outre, d'éliminer les blocs publicitaires
Quelqu'un a-t-il avisé les sponsors qu'il y a un hic
Que tout leur investissement, de ce fait, tombe par terre

Orgueil, luxure, avarice, gourmandise, paresse
Envie, je les ai tous cités sans que cela trop paraisse
Les marchands de toc, sont des experts en rêve et illusion :
Leurs pubs sont mitraillettes qui tuent des vies à profusion

J'entends vos «Eh! Il a oublié un péché capital : la colère...»
Je sais compter jusqu'à sept, je l'ai donc gardé pour dessert
Autant de publicités vides, trompeuses, tant d'arnaques
Cela me met hors de moi, en beau fusil, en tabarnaque!

La preuve que les sponsors sont faux et mauvais :
Ils vendent leur salade en montrant des navets

*CRTC : **Conseil de la radiodiffusion et des télécommunications canadiennes**

Qui sont nos modèles? (mars 2017)

**Pour avoir trempé dans des affaires malpropres
Certaines élites ont perdu leur nom propre!**

Qui sont nos modèles? J'aimerais le savoir
Homme et femme de carrière, de devoir :
Qu'est-ce qui a bien pu vous passer par la tête?
Vous, au fond du lac, qui étiez haut sur la crête!

Vous qu'on aimait, qu'on adorait, qu'on admirait
Le top, le piédestal, vous allaient à merveille
On vous savait beau, grand, fort, sans autre intérêt
Que le bien public; l'intégrité sans pareille!

Un jour, – mais quel jour? – ce bien-là n'a plus suffi
De richesses, cupide, et d'orgueil, bouffie
La statue s'est mise à vaciller sur son socle
Vous désiriez veau d'or et gloire de Sophocle

On vous tenait pour un pilier de notre temple
Un gardien de l'intégrité et de l'éthique
Nous étions des admirateurs de votre exemple
Sur laquelle on voulait copier notre pratique

Voilà qu'aujourd'hui, vous faites pitié à voir
Vous êtes nu, vous êtes laid, et plus d'avoirs
Les procès qu'on vous fait jettent l'aura par terre
D'incorruptible à corrompu, ça nous atterre!

Policier, avocat, politicien ou maire
Abus de pouvoir, de confiance, abus de tout
Vous êtes lavé, cuit, on vous a fait taire
Madame le lieutenant-gouverneur, surtout!

(SUITE…)

Mais bon sang, quelle mouche vous a donc piqué?
Et d'où sortez-vous ce discours alambiqué?
Croyez-vous vraiment que votre histoire est crédible
Lors qu'elle vient juste d'être passer au crible?

Ce qui fait le plus mal, c'est la désillusion...
On vous croyait bien au-delà de tout soupçon
Puis, quand on vous eût vu à la télévision
Nous ne pûmes pas réprimer un grand frisson

Ce frisson exprimait la surprise de tous
De vous voir, élite, la police à vos trousses
De vous voir tomber au sol, vous, notre modèle
Qui nous inspirait l'espoir, comme l'hirondelle

Avec vous s'effondrent pans de la société
Qu'on croyait béton, solides, indestructibles
Notre trésor était votre notoriété
Et nous voilà plus pauvres que Job, dans la Bible!

Pauvres, amers, attristés, désillusionnés...
Si vous, vous nous avez trahis, abandonnés
Qui croire désormais? À qui faire confiance?
Untel en politique? Tel autre à la finance?

Une société sans modèles est agonisante
Un peuple sans chefs d'une grande probité
N'ira nulle part sinon sur pente glissante
Qui mène vers le bas, vers la médiocrité

La jeunesse, toujours, se cherche des héros
Et puisque ceux qui dirigent sont des zéros
Elle rêve aux utopies fausses, fantastiques
Elle se construit des avatars, du magique...

Québec (mars 2017)

Québec ne pratique plus sa religion
Québec n'enseigne plus son histoire
Québec ne parle plus sa langue

Québec a perdu son âme
Québec a perdu son cœur
Québec a perdu son esprit
Québec?
Que de la peau flasque : plus de chair, plus d'os, plus de tripes!

Québec accueille la religion des autres
Québec conte l'histoire des autres
Québec parle la langue des autres
Québec est ouvert, inclusif et généreux
Québec est une Tour de Babel
Qui penche comme une Tour de Pise
Chargée de «mal administration» et de scandales
Québec vaut-il la peine de lui-même?
Québec «pays» a-t-il perdu de sa raison d'être?
Québec est-elle redevenue simple province canadienne?
Désormais, dira-t-on : la Province de Québec?
La belle Province...
...Comme dans le bon vieux temps quand j'étais jeune!
Avançons-nous par en arrière dans l'autobus du Québec?
Québec...
La belle et bonne Province... la drôle de province
Peut-être Québec a-t-il perdu le sens de l'honneur
Chose sûre, il n'a pas perdu le sens de l'humour :
Québec enfante des humoristes à «profu-dérision»
Il peut ainsi rire de lui-même tous les jours!

L'accident de Québec (mars 2017)

Hier soir, Québec a été retrouvé, inconscient
Sur le bord de l'autoroute transcanadienne
Pour le réveiller, on dut lui faire respirer des sels
Cerné par toutes sortes de bonnes gens
Qui disaient ne vouloir que son bien
Québec, sonné, ne se rappelait de rien
Il avait de la difficulté à rassembler ses idées
Il avait de la difficulté à parler
Son pouls ne faisait que hoqueter :
On ne décelait qu'une faible activité de la tête et du cœur
C'est ainsi que dans un demi-sommeil
Québec se mit à délirer : il scandait
À en perdre la voix
À en perdre la voie?
«Je suis un pays! Je suis un pays!»
On anesthésia illico Québec...
On augmenta la dose de ses médicaments...
On lui redonna sa suce et son nounours
Québec se calma, il se rendormit...
Surtout, laissons-le tranquille!
Les médecins ne s'entendent pas sur la cure
On lui fait gober, à Québec, des médicaments
Une panoplie de médicaments
Qu'on lui prescrit désormais aux quatre ans
Qui l'étourdissent
Qui l'engourdissent
Qui le mêlent
Qui l'indécisent
Qui le culpabilisent
Qui le dé-paysent

Mes beaux-frères (Mars 2017)

Quelqu'un est malade!
Vite, ça prend un médecin
Il n'y a pas de médecin
Il faut former un médecin
Ça prend une école de médecins
Il n'y a pas d'école de médecins
Il faut construire une école de médecins
On cherche un terrain pour y construire une école de médecins
Qui a un terrain assez grand pour une école?
Mon beau-frère a un terrain assez grand pour une école
Voilà on a trouvé un terrain pour l'école
Ça prend des matériaux pour construire une école
On n'a pas de matériaux pour construire une école
Qui a des matériaux pour construire une école?
Mon beau-frère a des matériaux pour construire une école
On a trouvé des matériaux pour construire l'école de médecins
Ça prend un contracteur pour construire l'école de médecins
Qui est contracteur en construction d'écoles?
Mon beau-frère est contracteur en construction d'écoles
On a trouvé un contracteur en construction d'écoles
On construit l'école de médecins
L'école de médecins est construite
Ça prend un professeur en médecine
On n'a pas de professeur en médecine
Qui connaît un professeur en médecine?
Mon beau-frère est professeur en médecine
On a trouvé un professeur en médecine
Le professeur en médecine forme un médecin
On a un médecin mais on n'a pas d'hôpital
Vite, ça prend un hôpital
Il faut construire un hôpital (SUITE...)

On cherche un terrain pour construire un hôpital
Qui a un terrain assez grand pour construire un hôpital?
Mon beau-frère a un terrain assez grand pour un hôpital
Voilà on a trouvé un terrain pour l'hôpital
Ça prend des matériaux pour construire un hôpital
On n'a pas les matériaux pour construire un hôpital
Qui a des matériaux pour construire un hôpital?
Mon beau-frère a des matériaux pour construire un hôpital
Voilà on a trouvé des matériaux pour construire l'hôpital
Ça prend un contracteur pour construire l'hôpital
Qui est contracteur en construction d'hôpitaux?
Mon beau-frère est contracteur en construction d'hôpitaux
Voila on a trouvé un contracteur en construction d'hôpitaux
On construit l'hôpital
L'hôpital est construit
On a un hôpital
Ça prend un médecin
On a un médecin
Il ne manque que le malade
On va chercher le malade
Le malade est mort!
Vite, ça prend un prêtre!
Il n'y a pas de prêtre
Il faut former un prêtre
Ça prend une école de prêtres
On n'a pas d'école de prêtres
On n'a pas d'église non plus
Ça prend une église...

Morale immorale
Aux dernières nouvelles :
Mes beaux-frères sont riches, en santé et bénis des dieux!

Le respect de l'habit (Mars 2017)

Le rôle d'un porteur d'uniforme est renforci :
Il accorde à celui, à celle qui le porte
Un pouvoir, une aura, un savoir-faire précis
C'est lui qu'on appelle pour nous prêter main-forte

Armée, police, médecine et clergé :
Leurs membres, considérés comme des élites
Sont liées par des lois; ils n'en peuvent déroger
Car l'intégrité, l'honnêteté sont tacites

Il est bien entendu, hier tout comme aujourd'hui
Qu'on ne juge pas un homme sur l'apparence
Dire que l'habit fait le moine, c'est gratuit :
Certaines pommes pourries vivent dans l'élégance

Une fois passés en revue tous ces aspects
Qui peut vraiment se surprendre qu'elle se vide
La fragile, la friable boîte de respect
Pour tous les policiers en braies bizarroïdes?

On dit que c'est là le seul moyen de pression
Qui peut être utilisé dans les circonstances
Cinq années que nos yeux vivent cette agression
Il est difficile de comprendre cette insistance

J'ai vu des ambulanciers ainsi accoutrés
Bien sûr, personne n'en mourra, il faut le dire
Mais quoi? Sans paraître exagérément outré
On peut voir là un virus qui ne fait plus rire

Allez la police : «Mettez donc vos vraies culottes!»

Patiner en Absurdistan (Juin 2017) (Inédit)

À la fin du très long processus, ils n'étaient pas plus que deux
Car seules Québec et Las Vegas se présentaient devant eux
Les grands pontes, fort déçus qu'ils ne soient pas plus nombreux
Posant, firent semblant de ne pas l'être, gardant «in petteux»
Un sentiment de frustration et d'échec d'un processus infructueux
Qui les laissa, dit-on, beaucoup moins pantois qu'impécunieux
«C'est vrai, les temps sont durs et moins propices pour le jeu
Nous acceptons donc ce piètre résultat et faisons pour le mieux!»
Québec et son maire, tellement confiants d'être gagnants heureux
Dormaient sur leurs lauriers : «Pourquoi serions-nous soucieux?
Las Vegas, ce n'est qu'un désert; Québec est un pays neigeux!»
Plus, on a bâti une arène digne de la ligue, pour plaire au monsieur
Le sort en est donc jeté : rien, ni le hasard, ni personne, ni dieu
Ne pourra plus empêcher les Nordiques de renaître, radieux!
Car si l'on prend l'autre, on prendra Québec pour faire sérieux

À la conférence de presse de la NHL, Betman, le grand pompeux
Dit tout de go à la ville de Québec : «C'est triste et malheureux…
Mais, non, nous ne pouvons pas te donner encore ce que tu veux
Car, euh… vois-tu, le taux de change Canada-U$A est si piteux…
Qu'il rendrait, cela est sûr, le succès de l'opération difficultueux»
Il mentait toutes ces paroles, le regard fuyant et clignant des yeux
Sachant très bien qu'aucun club canadien n'avait fait d'adieux
Tous faisant bien leurs frais, gérant leurs affaires de leur mieux
L'«homme bette» rompait donc sa promesse; c'en était odieux!
Il venait encore d'arnaquer Québec, avec son engagement creux
A-t-il jamais eu l'idée de la satisfaire, au détriment des Glorieux?
On s'en retourna chez soi, surpris, les mains vides, tristes, piteux
«Comme on nous a bien eus!» fut la conclusion dans ce contentieux
On fit bien quelque temps les vierges offensées, on pleura un peu
Mais rapidement on se tut et on redevint peuple moutonneux

(SUITE…)

Les joueurs Québécois et francophones sont si peu nombreux
Dans cette ligue où se sont pourtant illustrés tant de nos preux
Qu'un jour, dans un match pourtant joué au Centre «bébelleux»
On n'en vit aucun sur la glace porter le chandail rouge, blanc, bleu
Une équipe qui dit représenter le Québec pourrait faire mieux?
Pourquoi? Puisqu'on vit en Absurdistan, il faut être bien frileux
Pour s'en plaindre, il n'y a là aucune matière à fendre en deux
Suédois, Russes, Canadiens anglais, Chinois, il s'en faut de peu
Sont bien capables de nous représenter et ils sont trop heureux
De vêtir la sainte flanelle et de gagner leur salaire faramineux
Personne, non, personne n'osera les regarder dans les yeux
Lorsque, battus sans trop d'efforts, ils retourneront chez eux
Montréal gagnerait-elle la Coupe, qu'ici on la verrait bien peu
Elle s'en irait plutôt se faire applaudir sous maints autres cieux
Emportée par le mercantilisme qui règne en ces sportifs lieux

Tout est possible en Absurdistan, voici des exemples malheureux :
La capitale de deux peuples fondateurs d'un pays qui se dit sérieux
Ne parle officiellement qu'une langue, celle du plus nombreux
L'air, l'eau et le sol propres sont priorités absolues? Vœux pieux
Car on laisse les pétrolière$ exploiter les sales sables bitumineux
Un aéroport porte le nom de celui qui voulait le fermer, fameux!
Un chef d'état signe une constitution négociée par son tortueux
Qui exclut derechef la province qui les a vus naître tous les deux!
La Loi de 1870 oblige le Manitoba à servir en français qui le veut
Vindicatif, assimilateur, il ne le fit pas sous prétextes fallacieux
En 1985, la Cour Suprême confirme et ferme le dossier litigieux
Mais trop tard, sa francophonie est moribonde, dans le corps, un pieu
Tout un peuple dont l'héritage provient de grands et vaillants aïeux
Ayant conquis et défendu un continent, même si peu nombreux
Ah! S'ils voyaient la peur de leurs descendants devant un enjeu
De si piètre danger : celui, naturel, de se créer un pays bien à eux!
Il y a loin de la coupe aux lèvres; mais n'est-ce plus là qu'un songe creux?

VIVRE EN AMOUR (Mars 2017)
(Hommage à Luc Cousineau (1944-mars 2017))

Une autre histoire d'amour... mais à quels titres?

Michel Fugain : *Une belle histoire...*
Claude Michel : *Une histoire d'amour...*
Barbara : *Ma plus belle histoire d'amour!*
Georges Moustaki : *Il y avait un jardin*
Jean-Jacques Goldman : *Là-bas*
Lucille Dumont : *Là où... Le ciel se marie avec la mer*
Carole Laure : *Tout le monde le dit :*
Étienne Drapeau : *Le monde est beau!*
Jean Ferrat : *C'est beau la vie!*
Yves Montand : *C'est si bon*
Vivaldi : *Les quatre saisons...*
Maître Gims : *Pour commencer*
Henri Dès : *C'est le printemps*
Mano Solo : *La débâcle*
Guy Béart : *L'eau vive*
Dorothée : *Il faut chanter*
Félix Leclerc : *L'hymne au printemps*
Georges Brassens : *Les lilas*
André Claveau : *Cerisiers roses et pommiers blancs...*
Marianne et Dino : Puis... *C'est l'été!*
Joël Denis : *L'école est finie*
Pierre Lalonde : *C'est le temps des vacances*
Cora Vaucaire : *Le temps des cerises*
Joe Dassin : *L'été indien...*
Louis et Josée : *L'automne est arrivé...*
Georges Dor : *Le vent*
Yves Montand : *Les feuilles mortes*
Robert Charlebois : *Demain l'hiver...*
Adamo : *Tombe la neige*

Beau Dommage : *23 décembre*
Gabrielle Destroismaisons : *Et cetera...*
Gilbert Bécaud : *Et maintenant*
Dany : Que... *Cette histoire commence!*
Gilbert Bécaud : *C'est en septembre*
Alain Barrière : *Avant l'hiver*
Jacques Dutronc : *Il est cinq heures, Paris s'éveille*
Léo Ferré : *C'est extra!*
Charles Trenet : *Y'a d'la joie!*
Joe Dassin : Sur... *Les Champs-Élysées*
Édith Piaf : *La foule*
Alain Souchon : *Foule sentimentale...*
Claude François : *Comme d'habitude*
Gaëlle : *Ils marchent*
Les Compagnons de la chanson : *Bras dessus bras dessous*
Kevin Parent : *Ce beau monde-là*
La Compagnie Créole : *Collé, collé*
Fabienne Thibeault : *Les uns contre les autres...*
Gérard Lenorman : C'est... *La «ballade» des gens heureux!*
Renaud : *Fatigué...*
Ginette Reno : *Fatiguée?*
Mylène Farmer : *Je te dis :*
Denis Rolland : *Viens t'asseoir près de moi*
Georges Brassens : Ah!... *Les amoureux des bancs publics!*
Michel Fugain : *La jeunesse*
Léo Ferré : *Vingt ans*
Jean-Pierre Ferland : *Quand on aime, on a toujours vingt ans!*
Claude Léveillée : *Frédéric*
Elton John : *Daniel*
Vanessa Paradis : Ou... *Jos le taxi*
Lucie Marotte : *En amour avec toi*
Michel Pagliaro : *Fou de toi...*
Gilbert Bécaud : *Nathalie*
Hugues Aufray : *Céline*

Beau Dommage : *Ginette*
Beatles : *Michelle*
Rolling Stones : *Angie*
Simon & Garfunkel : *Cecilia*
Donald Lautrec : *Éloïse*
Michel Louvain : *Louise*
Kenny Rogers : *Lucille*
The Police : *Roxanne*
Creedence Clearwater Revival : *Suzie Q*
Francis Cabrel : ou... *Petite Marie*
Daniel Lavoie : *Qui sait?*
Julien Clerc : *Ma préférence* :
Christophe : *Aline*!
Daniel Lavoie : *Ils s'aiment*
Michel Fugain : Chacun... *Chante la vie, chante*
Édith Piaf : *L'hymne à l'amour*!
Jacques Brel : Ah!... *Quand on n'a que l'amour*!
Didier Barbelivien : *Elle*
Garou, Daniel Lavoie, Patrick Fiori : *Belle* :
Marie Laforet : *Mon amour, mon ami*
Jean Ferrat : *Que serais-je sans toi?*
Serge Gainsbourg : *Je suis venu te dire*
Johnny Hallyday : *Que je t'aime*!
Mike Brant : *Laisse-moi t'aimer*!
Mini TFO : *Qu'est-ce que je vois*
Sylvain Cossette : *Dans tes yeux*?
Léo Ferré : *La mélancolie*...
Enrico Macias : *Dis-moi ce qui ne va pas?*
Michèle Torr : *Lui* :
Patrick Juvet : *Écoute-moi*
Serge Gainsbourg : *Je t'aime moi non plus*
Serge Gainsbourg : *Je suis venu te dire*
Le soldat Lebrun : *L'adieu du soldat*
Miossec : *La guerre*!

Gilles Vigneault : Pour... *Mon pays!*
Michel Fugain : Pour...*Notre société*
Yves Duteil : *Pour les enfants du monde entier!*
Marie Laforêt : *Mon amour, mon ami*
Jacques Brel : *Ne me quitte pas*
Léo Ferré : Car... *Tu n'en reviendras pas!*
Christophe Marquilly : *Ne me retiens pas*
Nicole Martin : *Laisse-moi partir!*
Zachary Richard : Avec... *Jos batailleur*
Laurence Jalbert : *Je pars à l'autre bout du monde!*
Joffré : *Sur le champ de bataille*
Pascal Olive : *Le vieux fusil...*
Noir Silence : *La blessure...*
Laurence Jalbert : *Tomber...*
Mylène Farmer : *Comme j'ai mal!*
Charles Aznavour : *Aïe! Mourir pour toi!*
Les Sultans : *Non, non, non!*
Mendelson : *Je ne veux pas mourir!*
Francis Cabrel : *Docteur*
Jeanne Mas : *Sauvez-moi!*
Luc de la Rochelière : *Sauvez mon âme!*
Gerry Boulet : *Toujours vivant!*
Ginette Reno : *Ça va mieux!*
Gérard Lenorman : *Et moi, je chante*
Georges Hamel : *La chanson du prisonnier :*
Jann Halexender : *Que la vie est triste*
Isabelle Boulay : *Sans toi*
Johnny Hallyday : Derrière... *Les portes du pénitencier!*
Tino Rossi : *Cette nuit-là*
Il était une fois : *J'ai encore rêvé d'elle :*
Pierre Groscolas : *Elle me rend fou!*
Serge Lama : J'ai... *La maladie d'amour!*
Françoise Hardy : *Message personnel*
Danielle Messia : Que... *Je t'écris de la main gauche*

Francis Cabrel : À... *L'encre de tes yeux*
Yves Duteil : Dans... *La langue de chez-nous*
Stéphane : *Quand tu liras cette lettre*
Francine Raymond : *Y'a les mots* :
Édith Piaf : *Non, je ne regrette rien!*
Alonzo : *Il le fallait*
Diane Dufresne : Pour... *Sauver la beauté du monde!*
Léo Ferré : Mais... *Avec le temps*
Alain Barrière : *Le temps qui passe*
Pauline Julien : *J'ai l'âme à la tendresse*
Laurent Pagny : *J'te jure*
Uraze : *C'est terminé*
Laurent Voulzy : *Le cœur grenadine*
Charles Aznavour : *C'est fini*
Tir Nam Beo : *Mon combat!*
Jean Gabin : *Maintenant, je sais...*
Isabelle Boulay : *Mon amour*
Les Sultans : *C'est à toi que je pense*
Wilfred Lebouthillier : *Je ferais tout*
Céline Dion : *Pour que tu m'aimes encore!*
Les V.R.P. : *Je n'en peux plus*
Niagara : *Je dois m'en aller*
Offenbach : *Faut que j'me pousse!*
Michel Sardou : *Aujourd'hui peut-être*
Claude Nougaro : *Tu verras...*
Les Lutins : *Je cherche...*
Serge Reggiani : *Il suffirait de presque rien...*
Martine Bee, Jean-Claude Brialy : Aie... *La confiance...*
Harmonium : *Attends-moi!*
Shy'm : *Victoire!*
Holden : *Ce que je suis?*
Nicole Rieu : *Je suis...*
Boris Vian : *Le déserteur!*
Jean Ferrat : *Hourrah!*

Clémence Desrochers : *Quelques jours encore*
Jean-Pierre Ferland : Et... *Je reviens chez nous...*
Diane Dufresne : *Tiens-toé ben, j'arrive!*
Félix Leclerc : Par... *Le train du nord!*
Yelle : *Je veux te voir...*
Yves Montant : *C'est si bon*
Alain Bashung : *Te revoir*
Stevie Wonder : *Ma chérie amour!*
Félix Leclerc : *Le petit bonheur?*
Yves Duteil : *Prendre un enfant*
Grégoire : *Mon enfant*
Adrienne Pauly : *Dans mes bras!*
Lucienne Delyle : *Pour lui*
Paolo Noël : Faire le ...*Petit papa Noël*
Paul et Paul : Quand... *C'est Noël*
France Gall : *Évidemment!*
Daniel Guichard : *Vivre à deux*
Natasha St-Pierre : *Vivre d'amour!*
Luc A. Granger : *Vivre*
Charles Aznavour : *La bohème...*
Traditionnel : *Boire un p'tit coup*
Georges Brassens : Avec... *Les copains d'abord*
Frédéric François : Puis... *Changer le monde!*
Thomas Dutronc : *Demain*
Raymond Lévesque : *Quand les hommes vivront d'amour*
Céline Dion : *Une colombe*
Mireille Mathieu : *Mille colombes*
Jean Ferrat : Et... *La paix sur Terre*
Charles Aznavour : *Désormais!*
Patrick Norman : *À jamais!*
Sylvain Cossette : *Pour toujours!*
Tragédie : *Éternellement!*

Ça vous fait réfléchir, vous, cette dernière chanson de Tragédie?
Annoncerait-elle un avenir «rose» mais plein d'épines?

LA VIE DES MIENS
L'odyssée de l'ancêtre Laurent Granger*

Le texte que vous vous apprêtez à lire décrit des événements qui se sont produits en l'an 1659 et après, avec les prénoms et noms de ma famille. Il a été mis à jour en août 1998, puis en mars 2017 aux fins de l'édition du présent recueil; c'est donc dire qu'il comprend les ajouts de noms consécutifs à la rencontre de la grande famille des Granger du 4 juillet 1998.

Il contient maintenant plus de 200 noms : d'ancêtres, de parents, de personnages, de lieux, d'événements.

La voici donc cette histoire «**THÉRÈSE**» émouvante!

1 – PROLOGUE

GÉRARDrement lu une histoire aussi belle! Pourtant **JEAN** ai lues des cent et d**ÉMILE**! Celle-ci, je l'avoue, me capt**YVES**, rien de moins. **MAURICE**quer de vous la conter si, bien sûr, vous désirez que je la **LISE**! **CÉLINE**oubliable histoire de notre ancêtre **Laurent Granger**.

2 - LE DÉPART

Parti de **FRANCE** ou d'Angleterre, de **LORRAINE** ou de Ply-mouth? Sa **NATALI**té n'est pas très **CLAIRE**; mais de façon certaine, **JEANNE**once que cela se passait **LILIA** longtemps, au milieu du XVIIe siècle.

Là-bas, en Europe, Laurent était-il **CARPENTIER**? **MEUNIER**? **CHARTIER**? **BOUCHER**? On continue à s'inter**ROGER**. Il n'était sans doute pas **RICHARD**; il n'avait pas de **LAURENT** poches. Peut-être même n'avait-il que quelques **LOUIS**! Il n'était pas dans la che**VALÉRIE**. Il lui a fallu quitter le **ROY CHARLES**

1er et son pays, ce **BEAULIEU** de son enfance; oui, il a fallu qu'il abanDIONNE tout! Adieu la belle époque, le **GAËTAN**! À son départ, son père, **JOHN**?, qui savait qu'il ne pouvait garder en **CAJUN LAURENCE** fils **BENJAMIN**, lui dit et recommanda : *«Laurent», comme on dit en Angleterre, «You are a good JACKSON! Toujours fort et **FRANÇOIS**!»*

Sur le navire par lequel il vint, l'histoire dit que peut-être tenait-il **LABARRE** les yeux fixés sur la **PROULX**. Peut-être pêchait-il le **POISSON**, du **SÉBASTIEN** ou le **BERNARD**-l'ermite pour nourrir l'équipage? Ce n'est pas très sûr! La traversée? **SAMY** au moins trois mois! Quand ils arrivèrent, ils ont **ANTHONY** un Te Deum!

3 - L'ARRIVÉE

Oui, enfin ils arRIVET en AmÉRIC. Certains matelots, d'avoir trop bu, tombèrent **PLOUFFE** dans l'eau de la **BERGERON**ds; pas Laurent! Lui, dès qu'il mit pied sur les **PIERRETTE**s du rivage acadien, tel **SAMUEL** de Champlain, il cria : *«**VICTOR**»* et **CHANTAL**leluia!

Il acquit une terre, un **CLAUDE** dix arpents, un petit éDENISEolé couvert de **NOISEUX**tiers, de **COURCHESNE**s et de **BOISCLAIR**. Il lui fallut donc défricher **LAFOREST**, enlever les **PIERRE**s afFLEURENT le sol; il lui fallut le houx coupé, **LEHOUILLIER**, le houx brûlé; bâtir un **FORTIN** pour se prémunir, avec l'Indien aGILLES, mALAIN qui de son **THOMAS**hawk peut faire fuir **LEGUERRIER** anglais, aux **ARSENEAULT** bien garnis contre qui on menait une lutte à un contre **CATHERINE**égale. Il lui fallut semer, puis enGRANGER la récolte. Ah! Il n'était pas **MANSEAU**, pardon, manchot Laurent! Et comme le repos **DOMINIQUE**al (ou **DOMINIC**al) était bien mérité!

4 - LA RENCONTRE

Quand vit-il **MARIE** la première fois? À Pâques? À **NOËL**? Peu importe, il la vit! Écoutons Laurent : *«Depuis tantôt, je la regarde, je la reLUCque plutôt! Son **PORT-ROYAL***, **CÉCILE**s si longs et si beaux! **AKIM** plaisent! Elle est si **JULIE** dans son costume de coton **HÉLÈNE** du pays qui camoufle mal une **GEORGETTE** invitante! J'en suis encore tout **HÉBERT**lué! **ESTELLE**? Oui c'est elle! Anim**ALPHONSE** lui demander sa m**ANNETTE**! Oui, il faut que tu la **MARIE**s! Que tu la **MARIO** plus vite à part ça! **MARIE-ANGE** de mon foyer, comme cela sonne bien!»* Dès ce moment, il l'a **AIMÉ**e; et ce dénouement, il le vou**LUCIEN**. Il lui dit : «C'est toi que **JAMES**!» et la questionna : c'est l'**ACADIE :** oui!

5 - LA GRANDE DEMANDE

Cet épisode est un **BOUDREAU**latique. C'est nerveux comme un taureau dans une corr**IDA**, le teint **BLANCHARD**, serré dans son lon**GABY** propre, invoquant son protecteur l'ange **GABRIELLE** et tel un **DANIEL(E)** jeté dans la fosse aux **LÉON**s ou un **DAVID** affrontant Goliath qu'il **VINCENT** plus attendre faire la grande demande à Laurent. Il frappa à la porte; «**ANDRÉ(E)ANNE** est pas barrée, la porte!», lui fut-il répondu.

Il hésita: *«Mais sors donc de ta coquille Saint-**JACQUES**! Al**LÉA**boutit!».* De crainte qu'il s'em**MÉLANIE**aiseusement, il attaqua : *«Monsieur **LANDRY**, **JOSEPH**fleurer directement le sujet : app**RENÉ** que j'aime votre fille; je la veux pour épouse!»* Laurent ana**LISA** la chose; ce geste de l'hôte qu'il esti**MANON** l'ir**RITA** et lui fit ressentir un **GRAND DÉRANGEMENT** intérieur; pourtant, incrédule comme **THOMAS**, il l'entendit, l'enga**JEAN-LOUIS** tant espéré! *«Ce fut difficile, mais finalement, **JOSÉE** et **JAYSON** oui, l'affaire est dans le **ZACH**!»,* se dit Laurent qui s'assa**GINETTE**ment et redevint le **JOYAL**, **LETENDRE**, le **BENOÎT** qu'il était au fond. Alors, Monsieur Landry, **GÉNÉREUX**, offrit un verre de thé **MICHAUD** arrosé d'un lait un peu **CAYER**, il faut le dire, mais qu'on a**VALOIS** de bon cœur. *«Laurent, l***ÈVE** *ton verre et moi* ***MATHIAS****se, trinquons* ***STEVEN****-là que tu as et à la* ***FRANCINE****oubliable!»* *«A****VALÉRIE****,* ***KIM****»*dit-il! Ils **DEAN**èrent puis fumèrent du tabac, l'un du **MARYLÈNE**, l'autre de **VIRGINIE**.

6 - LE MARIAGE

Dans le **TEMPLE**, à la messe, **ÉMILIE** un texte d'**ISAÏE**, **JULIE** un passage de l'**ÉVANGÉLINE** de saint **MATHIEU**; **JANELLE** joua à l'orgue les har**MONIQUE**s traditionnelles. Puis vint l'échange : Laurent mit au doigt de Marie, qui avait m**ISABELLE** robe blanche, un **ANNE**eau serti d'une **AGATHE** brillante comme une **LUCIE**ole. Après le *«In nomine* **PATRICE***»*, Marie, pleurant comme une **MADELEINE**, lança le bouquet de fleurs, qu'elle ar**RACHEL**le-même, soit dit en passant. Ces fleurs, des roses **DESROSIERS** qu'elle cultive : *«C'est Laurent et moi qui les liâmes,* ***WILLIAMS*** *ensemble!»*, pensait Marie tout émue. Ils sortirent du **TEMPLE** : *«Comme* ***YVON*** *bien ensemble!»* s'exclama monsieur **LABBÉ**, son **MICHEL**, pardon, son missel encore à la main.

Avant que la fête fût terminée, Laurent, l'œil **LOUISE**ant, dit à Marie : *«Embarquez dans la voiture ma mie, ce* ***CARMEN****e à notre maison.»*

7 - LA NUIT DE NOCES

Là, ils se couchèrent et s'en**ROBERT**rent de couvertures. Écoutons encore Marie : *«D'une main caressante, Laurent* ***MÉLISSA*** *les cheveux, que j'avais* ***BRUNEAU****x, puis il enleva ma* ***ROBIDOUX****cement et...»*, vous savez le reste. Laurent lui, un instant, s'est cru **ALEXANDRE** le

Grand ou **GUILLAUME** conquérant le **MAUDE**; peu après, il tombait dans les bras de Mor**PHÉBÉ**at!

8 - LA VIE QUOTIDIENNE

Laissons parler Marie. «*Oui, **MATHEW** donner car je ne suis pas une imbé**SYLVAINE** et gauche; au contraire, je suis assez m**ALINE** et me débrouille ad**MIREILLE**ment bien. Je connais le modus oper**ANDY** d'un foyer. Je **MÉNARD**himent ma maisonnée dont il faut que je ré**GHISLAIN**dispensable. Au printemps, je plante mes **THOMAS**-tes, mes **MARGUERITE**s et mes **DAHLIA**s en chantant «**MARIANNE** s'en va-t-au moulin» et «C'est la belle **FRANÇOISE**»; alors qu'à l'automne, Laurent et moi, nous éla**GRONMYR**tilles et bleuets. Chaque jour, je donne à manger **ROBICHAUD** aux quatre heures. **MAGALI**nacé, poules, canards, dindons, est nombreuse; mes quelques vaches, il faut être **FRANCIS**, donnent du bon lait. J'ai aussi un cochon et une co**SHON**. Bien qu'il ne soit pas jo**JOCELYN** qui pousse par ici, j'arrive à le tisser en invoquant **JOSEPHTE** et Marie. Bref, **JONATHAN** personne pour m'aider sauf peut-être **ST-PIERRE** et **CYNTHIA**cinthe pour la nourriture, saint **ANTOINE** pour la santé, saint **NICOLAS** pour les cadeaux et **SAINT-MAJORIQUE** pour le reste*».

«*Mes enfants? **GENEVIÈVE**idemment que pour eux : tous les matins, par la fenêtre d'une **DÉPORTATION** (des portes, Ah! Si on...) les regarde, Laurent et moi, tôt le **MARTIN**, partir pour l'école où ils apprendront que c'est **CHARLES**magne qui l'inventa, l'alphabet jus**CALIXTE**, jusqu'à Z peut-être et la musique «do-**RÉMI**». Leurs résultats? Jamais inférieurs au **4e RANG**!*». *L'hiver, ils s'en vont mitaines aux mains pour éviter les **ANGÈLE**lures. Le midi, ils s'amènent **NADINER**.*»

«Laurent lui, quand il **PHILIPPE**art aux champs, sur lesquels il laisse sa **MARCOTTE**idienne; il ôte les **ROXANNE**ée après année. Il est bien quand il **ÉDOUARD**. «Son blé et **SÉVIGNY** poussent en masse», disent les voisins. S'il fallait que j'**ÉLYSE**nt le meilleur habitant, je mettrais Laurent en haut de m**ALICE**! Il va là où il sait trouver **DENIS** et il y chasse la perdrix et le **MARTINE**t ou cueille framboises et bleuets — fruits qui font le meilleur **JUDITH**-on — qu'il rapporte à la maison telle la maman oiseau ses **VÉRONIQUE** pour ses oisillons **SOUHAIL**.» C'est ce qu'elle nous a dit pendant qu'**ALBERT**-çait son petit dernier.

Comme vous voyez, les moments de **JOHANNE** manquèrent pas; ne cherchez surtout pas à hue et **NADIA LAFAILLE** ou **DANY**croches dans leur vie **CARINE** y en a pas de bouts **TRISTAN**! Et s'il y en a eus, **MÉLANIE**, elle, Marie!

9 - ÉPILOGUE

Un jour, Laurent mourut de sa **BELLEMARE**; sur sa tombe : «Ci-**GHISLAIN**trépide matelot»; Marie aussi mourut; elle **GISÈLE** on ne sait où. Mais de **JUSTIN**, que nous voilà nombreux! Jus**CAMILLE** et plus! Notre ancêtre, s'il a laissé sa **MARC**, **SYLVIE**, c'est en chacun de nous, non? Il faut les aimer **ÉLÉONORE**r.

J'a**GUIBEAU**coup parler en public, mais il fallait bien que quelqu'un immorta**LIZA**t ce récit pour qu'on le **LIZANNE**-ée après année.

SARAH-ÈVEidemment pris une imagination plus fertile que la mienne; mais **JOSÉ-KARL**e sujet me semblait en valoir la peine. Mais l'intrigue de ce sa**PRÉCOURT** texte, il fallait que je **LANOUE** sans avoir l'air d'un débi**LETARTE** pour qu'on la

LISELLE! Aussi, beaucoup d'efforts **MATHILDE**mandé, oui, **YANN** a demandés!

Ah! J'oubliais! Laurent et Marie eurent huit enfants* à qui ils ne donnèrent pas les prénoms de **JESSICA, CLAIRINDA, MALYKA, LUDOVIC, JULIANNE, ÉVELYNE, ELLIOT** et **LAURIANE** car ils n'existaient pas à cette époque.

Quand Luc A. Granger eut fini sa p**ROSILDA**ta du 10 mars 1998 (modifié mars 2017).

•_•

* *Laurent (Lawrence?) Granger*, né en 1637 à Plymouth, Angleterre, arrive en Acadie sur un bateau de Thomas Temple et s'installe à Port-Royal (Acadie) vers 1659. Il épouse, en 1666, Marie Landry, fille de René Landry et de Perrine Bourg, née à Port-Royal en 1648 et décédée en 1719. Laurent est décédé vers 1700. Leurs huit enfants se prénommaient (dans l'ordre de leur naissance) : Marie-Marguerite (1668), Pierre (1671), Jacques (1672), René (1676), *Claude* (1678), Marie (1680), Anne (1684) et Laurent (1688).

Au recensement de 1671, Laurent et Marie possèdent à la Grand-Prée une terre de 4 arpents, 5 bêtes à cornes et 6 brebis. À celui de 1693 : une terre de 12 arpents, 15 bêtes à cornes, 20 moutons, 12 cochons et 2 fusils. Le recensement de 1698 souligne, outre le cheptel, que Marie est veuve; celui de 1700, lui, indique que Laurent est toujours vivant?!?

LE GRAND DÉRANGEMENT : LES DÉPORTATIONS

Déportation de 1755 : près de 6 500 Acadiens;

Déportation de 1758 : près de 3 500 Acadiens;

De 1755 à 1763 : environ 14 000 Acadiens ont été déportés, déplacés ou ont dû migrer.

Joseph Granger (1712-1792), (fils de Claude (1678-17??) et de Jeanne Guilbeau) petit-fils de Laurent, son épouse Josephte Robichaud et ses enfants sont déportés aux États-Unis en 1755. Leur fils *Pierre Granger* (1744-1809) et sa femme Josephte Lanoue, détenus à Boston depuis 1755, reviennent d'exil. Ils s'installent près de St-Jean-sur-Richelieu à un endroit qui deviendra, en 1780, la paroisse de L'Acadie. Leur fils *Pierre Granger* (1776-1829), qui a marié Françoise Lafaille, est le premier de la lignée à naître au Québec.

En 1863, *Isaïe Granger* (1827-1890) et son épouse Phébé Boudreau achètent une terre dans le 4e Rang de Drummondville et y construisent leur maison. En 1888, la paroisse St-Majorique est fondée.

Avant de se marier avec Virginie Courchesne en 1872, *Calixte Granger* (1851-1926) achète une terre pas loin de celle de son père et il y construit une maison, puis une deuxième vers 1900, une ferme exploitée par Alphonse et son fils Léon par la suite.

Alphonse Granger (1890-1949) et Annette Janelle se marient en juin 1914 soit peu avant la Première Guerre mondiale. Ils y auront et élèveront leurs 12 enfants :

-*Thérèse* (Maurice Dionne) : Lucien, Roger;
-*Gérard* (Ida Beaulieu) : Jacques, Denise, Claude, Maurice, Monique, Claire, Bernard, Madeleine, Gaétan, Yvon, René, Angèle;
-*Marie-Ange* : Sœur Grise de Montréal;
-*Louis-Émile* (Marie-Ange Fleurent) : Yves, Francine, Jocelyn, Martine, Sylvie, Marylène, Mario;
-*Gabrielle* : Sœur Grise de Montréal;
-*Joseph* (Lorraine Michaud) : Jean-Louis, Rachel, Michel, Luc, Lucie, Robert, Pierre, Chantal;
-*Léon* (Gaby Boisclair) : Gisèle, Lise, Gilles, Marie-Hélène, Mireille, Céline;
 Lucien (Pierrette Plante) : Danielle, Andrée, Louise-Anne;
-*Agathe* : Sœur des Sacrés-Cœurs;
-*Cécile* (Jean Beaulieu) : François, Aline, Sylvie;
-*Rita* : Sœur de Ste-Jeanne-d'Arc; et
-*Hélène*.

**Port-Royal, Nouvelle-Écosse, a été fondée en 1605 par Pierre Dugua de Mons, assisté de Samuel de Champlain. Elle fut la ville la plus peuplée et la capitale de l'Acadie jusqu'en 1710, l'année où les Anglais, l'ayant conquise définitivement, l'ont renommée Annapolis Royal. Entre 1605 et 1710, Port-Royal changea souvent de souverain; sa population acadienne française fut déportée en 1755.

Hommage de Luc à son père Joseph (Juillet 2008)
(8 juin 1924 - 8 juillet 2008)

Joseph Raymond Granger est l'enfant d'Alphonse Granger et d'Annette Janelle, cultivateurs établis à St-Majorique; il a fait des études qui ne se sont pas prolongées au-delà du début du Secondaire. Sachant cela, tous ceux qui connaissaient bien Joseph étaient étonnés par tout ce qu'il savait. Moi, le premier.

À travers certains de mes souvenirs et certaines anecdotes, lettre par lettre, j'aimerais vous présenter Joseph, mon papa à moi.

Lettre G : <u>Granger</u>

Oui, comme dans **Granger**; une belle famille que celle de Joseph et de Lorraine, ma famille!

Comme dans **Granger** encore : une grande famille de mononcles, de matantes, de cousins et de cousines, qui faisaient de la belle visite le dimanche – aux Fêtes aussi – et des parties de cartes ou ça parlait fort, ça riait fort et ça fumait fort! Un vrai show de boucane dominical!

Lettres A et P : <u>Autodidacte et Patenteux</u>

Joseph était un autodidacte, c'est-à-dire qu'il s'est instruit en grande partie tout seul. Il y avait chez nous, quand j'étais petit, deux bibliothèques impressionnantes par leur hauteur et par leur contenu : des Jules Verne, des Perry Mason, des livres d'histoire, un gros dictionnaire bleu qui grossissait de mois en mois, etc.; Joseph s'intéressait à toutes sortes de choses, y compris bien sûr à des choses très pratiques comme par exemples : la mécanique automobile, l'électricité, l'électronique; les deux derniers, qu'il apprenait à partir de fascicules de l'Institut Teccart de Montréal. Ces nouvelles connaissances théoriques n'empêchaient pas papa Joseph de s'électrocuter de temps en temps lui aussi en manipulant les fils d'une prise de courant; mais lui, au moins, il savait **pourquoi** il s'électrocutait!

Voici deux de ses réalisations marquantes : Joseph a installé, entre chez nous et un voisin, un télégraphe, sans doute le premier et le seul télégraphe à avoir jamais existé sur le Chemin Hemming. À l'instar de son saint patron, mon père a été menuisier-charpentier, et à ce titre il a été l'inventeur du «on agrandit la maison par en-dedans juste en changeant les murs de place»; et il est, sans nul doute, le seul cas de tapissier à avoir recouvert les murs d'une maison avec du papier verdâtre provenant d'un rouleau d'une usine de papier située en amont ayant descendu la rivière St-François et ayant eu le malheur d'échouer devant chez nous! Que c'était laid! En outre, Joseph a été plombier, relieur, tisserand, peintre, bûcheron, et tellement d'autres choses...

Bref, Joseph s'intéressait à tout, à l'actualité, à l'histoire, à la généalogie, à la politique, à la religion, à la philosophie, à la musique y compris à notre musique des Beatles «peace and love» d'adolescents. Son savoir sur tous ces différents sujets impressionnait les amis que j'amenais à la maison; eux, ils n'en revenaient tout simplement pas que j'aie un père comme ça!

Lettre B : <u>Brave</u>

Juste pour vous dire que mon père était plus fort que le vôtre... J'en suis sûr! Le mien, un jour, assis sur le siège conducteur de l'auto, a fait fuir un chien méchant avec juste un bon coup de bâton sur le museau. Après j'ai été tranquille quelques jours dans ma *run* de journaux, le temps que le museau du chien se soit réparé!

Lettres B - B : Brigitte Bardot?

Joseph était **beau bonhomme**; quelqu'un de sa connaissance lui a fait ce compliment dimanche dernier au restaurant (c'est-à-dire une semaine avant son décès!). Je crois important de le mentionner, un, parce que c'est vrai, deux parce qu'on dit que je lui ressemble...

Lettre C : Celanese

La Celanese est une «shop» de textile de Drummondville où Joseph a travaillé plus de 30 ans comme employé d'abord puis comme «foreman», p'tit boss, i.e. contremaître; de plus, pendant plusieurs années, de sa période «employé», il a agi comme secrétaire syndical. Comme je me cherchais un emploi d'été, il m'y a fait entrer, jouant de ses connexions dans la place; il rêvait peut-être d'un successeur... J'y ai travaillé une seule journée, une journée d'enfer! J'ai enduré, la nuit qui a suivi, les pires crampes aux jambes que j'ai jamais eues et vécu, le lendemain, la pire journée de honte qui soit pour un p'tit gars : celle de ne pas avoir été à la hauteur des ambitions de son père!

Lettre T : Tournesol

Le tournesol est une fleur importante pour Joseph : Aline Noël et lui avaient depuis plusieurs années leurs petites habitudes régulières dans quelques restaurants de la région, principalement au ***Tournesol*** de St-Charles de Drummond. Ils fréquentaient aussi les restaurants le ***Canadien*** de Notre-Dame du Bon-Conseil et le ***Calumet*** de Pierreville. Quelle ne fut pas ma surprise de retrouver au **Canadien** des tournesols ornant le menu… et d'en trouver également dans la décoration du ***Calumet***! Sauf erreur, je crois bien que Joseph et Aline choisissaient leur restaurant dans la mesure où on retrouvait des tournesols quelque part dans l'établissement. On comprend mieux maintenant pourquoi certains, qui n'étaient pas au courant de ce fait, ont fait faillite…

Aline et Joseph font littéralement partie des murs du restaurant le ***Tournesol*** de St-Charles puisque on y a installé une photo d'eux dans l'établissement près de l'entrée des toilettes. J'ai compris en m'y rendant et en voyant pour la première fois cette photo pourquoi tous ceux qui revenaient du petit coin arrêtaient à notre table et parlaient respectueusement à Joseph et à Aline : ils devaient sans doute penser qu'ils étaient les propriétaires du restaurant!

Lettres : L - S - D : <u>La drogue?</u>

Rassurez-vous, Joseph ne prenait pas de drogues… Les lettres «LSD» sont pour **Lorraine** et **salles de danse**. Toute une époque que celle-là qui a vu ma mère et mon père se mettre à danser les danses sociales. Une sorte de retrouvailles pour un couple qui en avait probablement bien besoin après avoir élevé 8 enfants! Le couple s'était retrouvé dans cette activité, et nous, les enfants, on devait endurer les pratiques sonores scandées par Joseph (1-2-3, 1-2-3, etc.) dans notre salon et le fait qu'on devenait orphelins tous les samedis soir.

Lettres V - H : <u>La sauce?</u>

Rien à voir avec la sauce de ce nom… «V» c'est pour **violon** et **violoneux**; «H» pour **hypnotiseur** : ce qu'il a pu aimer cela jouer du violon, Joseph! Et comme j'étais fier de l'accompagner à la guitare même si j'avais la fierté un peu honteuse, je l'avoue, d'interpréter des rigodons et des valses en pleine période du «peace and love» et de musique pop des Beatles! Je ne m'en vantais pas... mais je le refaisais volontiers car, quand Joseph commençait à jouer du violon après le souper, il ne demandait rien, mais j'avais l'impression, la certitude même, que ses yeux, eux, me demandaient de prendre la guitare... que je prenais!

Après son infarctus en 2004, Joseph devint incapable de jouer du violon, de jouer de la guitare et même de chanter. On a bien compris qu'un pan complet de sa vie venait de s'écrouler. Ayant peu à peu repris certaines capacités au violon, j'ai été bien content de pouvoir l'accompagner à la guitare; ai-je besoin de vous dire que ma fierté à ces moments-là n'était plus du tout honteuse. Et je voyais les yeux de Joseph qui brillaient à nouveau...

Lettres M - C : **Maître de Cérémonie**

«M» et« C» pour maître de cérémonie. Pendant près de quinze années, il a animé des soirées et des après-midis dansants et fait valser, cha-cha-ter, béguiner, fox-trotter, triple-swinger, tangoer, charlestonner, danses-de-ligner, les jeunes et les moins jeunes gens des Âges d'or de partout dans la région mais longtemps dans une salle du quartier St-Pierre à Drummondville.

Avec son groupe, les Cravates rouges, dont son frère Gérard faisait aussi partie, il en a vu du pays et il en a eu du plaisir à rencontrer tout «son» monde. Et comme il les a aimés ses danseurs de lignes et d'autres danses sociales; tellement aimés, qu'il nous en a parlés avec nostalgie depuis sa retraite de la scène et ce, jusqu'à sa mort. Et je ne serais pas du tout surpris qu'il ait commencé à négocier, avec saint Pierre, l'ouverture d'une salle de danse céleste!

Lettre A : <u>Aline</u>

Une fois, j'ai demandé à Joseph comment il avait choisi Aline* comme compagne. Joseph, en homme de son temps, qui trouve difficile de communiquer ses sentiments, Joseph a répondu cette chose extraordinaire : «J'avais remarqué Aline quelque fois dans des soirées et je l'ai choisie parce que je savais qu'elle paraîtrait très bien à l'entrée de la salle de danse». Ouche! C'est long ça pour seulement dire : «*Je la trouvais de mon goût!*»

Aline, la femme qui paraît bien à l'entrée des salles de danse, a été la compagne de papa Joseph pendant plus de 20 ans, partageant pendant longtemps une vie commune des plus passionnante puis acceptant de s'occuper de lui dans ses dernières années plus difficiles, et jusqu'à sa fin, survenue il y a quelques jours à leur domicile.

Oui, pendant ses dernières vingt années, Joseph a été un tournesol qui a toujours eu un soleil vers qui se tourner : Aline!

Merci Aline!

Adieu Joseph!

Salut P'pa!

•_•

*Aline Noël est née le 23 juillet 1927 à Kinsey Falls près de Drummondville. Lorsque Joseph s'est retrouvé seul à la suite du décès de son épouse Lorraine (née Michaud, ma mère), survenu le 6 mars 1988, Aline, que Joseph connaissait parce qu'elle fréquentait sa salle de danse, et à sa demande, est venue l'aider. Leur «relation d'aide» a duré plus de 20 ans!

Ô! Mères! (Vers 1991)

J'ai composé ce texte pour une fête des mères. Laquelle? La date n'est pas mentionnée sur le brouillon que j'ai retrouvé… À toutes les mamans, donc!

Voici ce que disait Homère
Pas l'épais Simpson, Omer
Le grand Homère disait : «Ô! Mères!
Aussitôt qu'elles les nommèrent
Leurs enfants entamèrent
Leur vie sommaire
Tétant à leurs flots mammaires
Et puis, déjà, les voilà outre-mer
Poursuivant là-bas une chimère
Sur les océans, qu'ils essaimèrent
Les bateaux qu'ils armèrent
Menèrent les uns à Sumer
Engloutissant les autres sous la mer

Vous, vous et vous, et là j'énumère
Les mères, les commères et les mémères
Comme ils vous alarmèrent
Vos enfants, bébés éphémères
Quand, tous partis, ils mimèrent
Leurs pères, ces brutes primaires
Ne connaissant ni maths, ni grammaire
Brisant tous vos rêves amers
De les voir édiles ou maires
Mais quelle joie, ô mères!
Lorsque, vers vous, ramèrent
Vos fils qui, très haut et fort, clamèrent
Que partout, ils vous acclamèrent
Ô Mères! Comme ils vous aimèrent!

Discours à l'occasion d'un 10ᵉ anniversaire de mariage
...De l'auteur et de Ginette Poisson (1955-2013)
(Juillet 1990)

Pour vous remercier tous de vos charmantes attentions à l'occasion de la célébration de nos noces de caoutchouc, c'est-à-dire d''un mariage qui ne cesse de s'étirer en longueur, mon épouse Ginette et moi avons préparé ce petit discours qui retrace les points forts de notre vie commune.

Mais, comme il se glisse dans ce texte de ces moments intimes que la pudeur répugne au dévoilement, je vous le lirai sous l'efficace couvert d'un dialecte afro-sénégalais archaïque, dialecte que j'ai appris depuis peu, mais que je maîtrise depuis longtemps.

> M'BOULÉ M'NA'NA N'PA'LA
> M'BOULÉ N'GA'GA N'BO'BO
> M'BOULÉ M'NA'NA N'FA'DO'DO
> M'BOULÉ M'NA'NA N'MI'AM N'MI'AM
> M'NA'NA N'GA'GA M'N'AN'O'DWA
> M'NA'NA N'GA'GA M'WI'WI
> M'BOULÉ N'GA'GA M'NO'NO
> M'BOULÉ N'NA'NA M'NO'NO O'SI
> N'BOULA N'PA'PA N'MA'MA N'FI'YE
> N'BOULA N'PA'PA N'MA'MA N'DE FI'YE
> N'BOULA N'PA'PA N'MA'MA N'TWA FI'YE
> N'BOULA N'PA'PA N'MA'MA M'GA'GA
> N'BOULA N'PA'PA N'MA'MA N'FI'NI
> M'NONO, A'GA'DOU TA'RA'TSOIN'TSOIN

> Tout ça pourrait très bien se traduire
> assez fidèlement par un gros... MERCI!

45ᵉ anniversaire de mariage d'Yvonne et d'Ernest
(Été 1995)

Chers parents, chers amis, très chers jubilaires,

Je tiens à dire tout de suite que c'est tout à fait librement et sans aucune honte que je m'adresse à vous ce soir; il me fait extrêmement plaisir de ne pas avoir eu le choix de vous entretenir d'Yvonne et d'Ernest, mes beaux-parents. Et cela, doit paraître dans mon visage!

Le texte qu'on m'a obligé de vous lire a été écrit par Ginet... pardon, par moi. Il reflète ce que je pense qu'on m'a dit de penser de mon beau-père et de démone, pardon, d'Yvonne, ma belle-mère.

Les anecdotes que je vous propose sont vraies : elles ont été choisies avec soin par Ginet... par moi, avec tout le soin et l'exactitude dont on peut s'attendre d'un gendre qui se force pour être admiratif, dévoué et filial.

1ʳᵉ anecdote. Mon entrée dans la famille Poisson

Quand un gars prend blonde, il lui faut bien, un jour ou l'autre, faire la connaissance de ses parents. Les siens, bien sûr, pas les miens! Ginette m'avait confié que son père était «bouché». «Jusqu'à quel point est-il «bouché», osais-je lui demander. «Quelqu'un a-t-il appelé un plombier?», continuai-je, me moquant. «Tu ne veux pas comprendre : il est boucher, son métier c'est la boucherie.» Ce que je comprenais tout à coup c'est que je devais rencontrer, tantôt, un homme de six pieds quatre, pesant deux cent livres, vêtu d'un sarrau rouge-sang qui, armé d'un long coutelas, serait bien équipé pour protéger l'honneur et la vertu de sa fille. Aie! Je ne ferais pas le poids... Mais ça me faisait rire quand même un peu : un Poisson boucher...

Je vous avoue aujourd'hui que, quand j'ai eu connu mon beau-père (5 pieds 8 pouces, 170 livres), je n'ai plus jamais eu peur de lui!

C'est vrai, j'ai fait des cauchemars avant de connaître mon beau-père Ernest; mais mon vrai drame c'est que, depuis ce jour-là, je ne dors plus puisque ma peur s'est transférée sur ma belle-mère Yvonne!

2ᵉ anecdote. Un voyage d'enfer au chalet d'Yvette

...Ou comment le trajet Cap-de-la-Madeleine jusqu'au chalet d'oncle Émile et de tante Yvette à St-Mathieu-du-Parc est devenu pour Ginette et moi un calvaire, une aventure digne d'un film d'épouvante.

Une fois donc, Ginette et moi avons fait ce trajet assis sur le siège arrière de l'automobile conduite par Ernest; nous nous attendions à un voyage d'agrément, à une partie de plaisir, à une randonnée de détente… Malheureusement, à la droite d'Ernest était assis le diable en personne : l'ignominieuse, la détestable, la dangereuse, la distrayante Yvonne, ma belle-mère!

Yvonne : «As-tu vu Ernest, les Gendron ont repeint leur galerie?» Ernest regarde à droite et oups! Il donne un coup de volant vers la gauche pour sortir notre quasi-tombeau de la garnotte…

«As-tu vu Ernest, madame Dupuis (92 ans, la mère!), s'est encore fait un jardin cette année?» Ernest regarde à gauche. Re-woups! Un coup de volant pour ramener la voiture et éviter la collision frontale…

«As-tu vu Ernest?», cette phrase maudite et détestée, Yvonne l'a prononcée des dizaines de fois tout au long de cet interminable trajet. Il fallait voir Yvonne et Ernest assis à l'avant de l'auto qui regardaient partout sauf en avant et nous, assis à l'arrière, qui regardaient fixement et désespérément la route devant, priant saint Christophe et tous ses amis! Mille mercis à ces derniers qui ont été là, ce jour-là, pour aider Ernest à freiner d'urgence (est-ce ça qu'on appelle des freins assistés?) alors qu'on se dirigeait tout droit et très vite vers une catastrophe, soit vers une panoplie de machineries de construction qui barraient le chemin.

Oui, on s'est bien rendus au chalet, mais non sans avoir fait le double du chemin en zigzags, en frôlements de fossés et en sueurs froides. Ginette et moi, nous avions eu chaud au point que l'eau du lac ne nous avait jamais paru meilleure que ce jour-là!

Pour le retour, Ginette et moi étions confiants : comme il ferait noir, Yvonne n'y verrait rien, donc elle ne dirait rien à Ernest qui pourrait le déranger dans sa conduite de l'auto! Comprenez bien : elle a quand même parlé tout le long du chemin!

3e anecdote. Le jour où j'ai aimé ma belle-mère

Un bon matin, le téléphone sonne chez moi. À moitié réveillé, je prends l'appel : c'est Yvonne. Elle est tout excitée au point que je l'imagine en train d'exécuter une danse de St-Guy à l'autre bout du fil!

«J'ai gagné le gros lot de la 6/49», me crie-t-elle dans les oreilles d'une voix stridente et hystérique. Comme elle semble friser la crise de nerfs, peut-être même la crise de cœur, – eh oui, ma belle-mère aurait un cœur, elle aussi... – je reste calme et, innocemment, lui demande d'un ton que je voulais le moins intéressé possible : «Vous avez sans doute prévu donner un petit 100 000$ à chacun de vos enfants?» «Oui, oui, pas de problème», m'assure-t-elle, encore sur son «high».

Dix minutes après avoir raccroché, voilà que le téléphone sonne encore. C'est Yvonne cette fois moins énervée; je la sentais déçue, désenchantée, je dirais. «Luc je me suis trompée : je n'ai rien gagné! J'ai comparé ce matin le numéro gagnant tiré hier soir à la télé que j'avais écrit sur un bout de papier avec le numéro gagnant mentionné dans le journal de ce matin.» «C'est donc bien plate...», rétorquai-je un peu beaucoup déçu.

Une histoire totalement invraisemblable, si elle avait été contée par n'importe qui d'autre que ma belle-mère. Je ne sais pas pourquoi je n'étais pas si surpris que ça de la méprise d'Yvonne... Quand même, grâce à elle, j'avais rêvé un peu... Adieu donc, veau vache, cochon, couvée et mes 100 000$.

Mais ce jour-là, quand même, je dois l'avouer : j'ai aimé ma belle-mère pendant 10 minutes, soit entre ses deux coups de téléphone!

•_•

Cela dit, chers jubilaires, c'est à mon tour de jubiler car mon martyre s'achève. Il ne me reste plus qu'à vous exprimer toute mon admiration devant une si longue fidélité mutuelle. Quarante-cinq ans de vie commune et de complicité dans le travail au marché public de Trois-Rivières, ce n'est pas commun! On peut vraiment dire que pour vous deux, ça a «marché»!

Applaudissons-les très fort!

Quand on n'a que l'amour (1956 - Extrait)
Jacques Brel (1929-1978)

Quand on n'a que l'amour
À offrir en prière
Pour les maux de la Terre
En simple troubadour

Quand on n'a que l'amour
À offrir à ceux là
Dont l'unique combat
Est de chercher le jour

50ᵉ anniversaire de mariage d'Yvonne et d'Ernest (Été 2000)
(Sur l'air de Théo et Antoinette, de J. P. Manseau)

Ernest, le boucher
Travaillait au marché
Il faisait du zèle
Pour sa clientèle
Comme il est beau garçon
Tout partout sa compagne
Même dans ses livraisons
Toujours l'accompagne
Dans l'allée du marché
Une fesse de bœuf sur l'épaule
Gros comme il est, c'est drôle
On ne voyait plus l'épaule ni le boucher
Depuis qu'il est retraité
Ernest aide tout le monde
Ernest, tout le monde t'aime beaucoup

L'autre moitié
Yvonne, ma belle-mère
De son gendre adoré
Des mots doux elle espère
Cette chère Yvonne
Personne ne lui ressemble
Gentille et bonne
Comme peut l'être une démone
Toujours elle dit faire un flop
De ses patates à l'escalope
Elle parle surtout
Quand elle n'a rien à dire
Mais très chère Yvonne (SUITE…)

Tu as su aimer ton monde
Yvonne, ton monde t'aime beaucoup

Cinquante années
Qu'on vous regarde vivre
Êtes-vous tannés?
Ou allez-vous poursuivre?
Cette vie à deux
Commencée il y a un demi-siècle
Le quatre septembre
Mil neuf cent cinquante
Ce soir, on le voit bien
La réponse est dans vos yeux
Yvonne, Ernest
Vous êtes encore amoureux
En ce jour de fête
Chacun a dans la tête
De vous dire… Qu'ils vous aiment et vous admirent
Pour nous remercier
Pour nous dire merci
Yvonne, Ernest :
Restez toujours en amour!

On va s'aimer encore (Vincent Vallières) (Extrait)

Quand on verra dans le miroir nos faces ridées pleines d'histoires
Quand on en aura moins devant qu'on en a maintenant
Quand on aura enfin du temps et qu'on vivra tranquillement
Quand la maison sera payée et qu'il restera plus rien qu'à s'aimer
On va s'aimer encore…

Pour les 80 ans d'Ernest Poisson (Mars 2002)

Cher monsieur Poisson, étendez-vous confortablement sur ce divan et laissez-moi vous psychanalyser. Oui, une petite psychanalyse, après 80 ans de vie, ne peut pas faire de tort. Ça me permettra aussi de démontrer que tout ce que vous avez vécu pendant votre «octade» était inscrit et a influencé votre destinée depuis votre naissance. Moi, je ne me fie pas aux astres, ni aux boules de cristal, ni aux lignes de la main, ni aux feuilles de thé mais, tout simplement, à votre nom.

Par la magie de quelques anagrammes de votre nom, je dévoilerai tout votre passé, et plus extraordinaire encore, tout votre futur. Une anagramme, il y en a peut-être qui ne savent pas ce que c'est, madame Poisson va vous l'expliquer... Non? Moi alors : une anagramme, c'est un mot, une phrase formé avec le mélange des lettres d'un mot ou d'une phrase source.

Je vais donc prendre toutes les lettres de votre nom, monsieur Poisson, les brasser et leur faire dire tout ce que vous avez été, ce que vous êtes et ce que vous serez. Pour les besoins de la thérapie, vous tu me permettras de vous te tutoyer.

Ernest, il va de soi que je commence par ton nom avec les lettres placées dans le bon ordre puisqu'une bonne partie de tes problèmes proviennent justement de ce nom.

ERNEST POISSON : Tout d'abord, le prénom. Ernest, ce n'est pas très joli, mais pas si laid quand même. Pour les intimes, Ernest, ça se transforme en Ness, en Ti-Ness ou pire encore en Né-Ness, ce qui en plus d'être beaucoup moins joli, ne veut pas dire grand-chose sinon qu'on se demande à quoi ça a servi de mettre un «T» à la fin de ton prénom si personne ne prend la peine de le prononcer! Quant au nom de famille Poisson, toute ta vie démentira ce nom de famille : premièrement, Ernest, tu n'es pas né sous le signe du Poisson, l'anagramme suivante est formelle :

PIS NESS NÉ TORO : deuxièmement, même l'horoscope m'appuie sur ce point, c'est de la viande que tu as vendue au marché public de Trois-Rivières, pas du poisson. Ce nom finalement n'aura servi qu'à t'achaler, surtout le premier avril de chaque année. Permets-moi ici de placer un diagnostic sur ta vie :

ROSES N POINTES : soit des roses et des épines. Ce qui veut dire que dans tes 80 ans de vie, il s'en est passé des choses, des bonnes et des mauvaises; des moments faciles, d'autres moins; du bonheur et du malheur. Mais as-tu su profiter à plein des bonnes choses? Je sais que tu as réussi à surmonter les épreuves, puisque tu es ici devant ton destin. Mais sauras-tu surmonter cette épreuve-ci?

Aujourd'hui, Ernest, tu fêtes tes 80 ans. Et comme c'est difficile pour les plus jeunes de se figurer à quel point tu es vieux, l'anagramme suivante devrait leur faciliter les choses :

NEST RISS POONE : «*J'aime mon public et mon public m'aime!*» Comme la Poune, Ernest était apprécié au marché public pour la qualité de sa viande et pour son service à la clientèle. Voilà, c'est plus clair. Mais n'oublions pas aussi qu'Ernest a déjà été un petit garçon, comme le rappelle la prochaine anagramme :

NESS PETI NOORS : et celle-ci :

PISSE É ROTS NON! Combien de fois ta mère t'a-t-elle répété cela, elle qui désespérait de voir son grand garçon de dix ans devenir enfin une personne propre et bien élevée. Ton enfance, Ernest, tu l'as vécue l'autre bord du fleuve, exactement là où ton nom te prédestinait :

OO NNESS? ST PIER : bien sûr! Et là-bas, à St-Pierre-les-Becquets, on t'a toujours considéré comme un garçon sérieux, comme en fait foi l'anagramme suivante :

ES PITRESS, O NON! On se rappelle aussi qu'à l'époque, la religion, c'était important; hier, comme aujourd'hui, Ernest, tu as toujours été assidu aux offices divins comme le prouve l'anagramme :

PRENS SON OSTIE. Puis, Ernest, tu as grandi, et tu as dû te choisir une carrière. Laquelle? Boucher, bien sûr! Un peu par esprit de contradiction pour ton nom de famille, mais surtout à cause de cette anagramme :

TI NESS PRO EN OS, puis encore celle-ci :

ET PREN SOSISON. Ce métier de boucher t'était prédestiné, pas à peu près! Puis, comme dirait l'autre, le poisson ce n'était vraiment...

POS SON SENTIER! Au marché public de Trois-Rivières, où tu as travaillé toute ta vie, Ernest, tu vendais du bœuf, mais aussi :

SE POR INOSSENT : Ernest, cela c'est peut-être Émilie ou Élyse, tes deux petites-filles végétariennes qui te le diraient aujourd'hui si tu étais encore boucher. Ernest, tu étais un bon boucher; l'anagramme suivante montre à quel point tu traitais tes clients aux petits oignons :

IS SONNE PORTES : Oui, Ernest livrait à domicile. Mais tes clientes n'abusaient-elles pas un peu de ta bonté ? Ton nom encore indique ce qui les intéressait vraiment :

SON TORS É PÉNIS. Voilà qui explique pourquoi Yvonne tenait à t'accompagner dans tes livraisons. Infatigable Ernest : il se levait tôt pour acheter sa viande, ça on le sait par l'anagramme :

NIET SSON REPOS : Mais dormir peu ne l'empêchait pas d'être toujours à…

SON POSTE SERIN. Ernest, durant les années où tu as été boucher au marché public de Trois-Rivières, on se rappelle que la CÉCO, la fameuse commission chargée d'enquêter sur le crime organisé et la vente de viande avariée, y a identifié quelques mauvaises pratiques. Et, dès que la viande d'un boucher…

SI O NÉ TROP SENS, la Commission sévissait. Toi, tu n'as pas été inquiété. Mais si j'avais été de la commission, j'aurais mieux examiné certaine viande que tu prétendais vendre pour du bœuf. Ne proteste pas, l'anagramme suivante est très claire là-dessus :

SSERS TON PONEI. Oui, honte sur toi qui vendais de la viande de cheval pour du bœuf! La CÉCO, qui ne badinait pas avec les fautifs, ne t'a pas découvert. L'anagramme…

SI ON TE PREN S.O.S. veut seulement souligner qu'il t'aurait fallu, si on t'avait pris sur le fait, un bon avocat pour t'éviter le pire qui aurait pu être, prochaine anagramme :

TOÉ EN PRISONSS. Ce pire-là ne s'est pas produit. Mais du pire, tu en as quand même vécu, puisque tu t'étais, plusieurs années auparavant, marié à Yvonne Gélinas, dont tout le monde dit qu'elle…

(Note de l'auteur : Yvonne Gélinas est décédée le 25 mars 2018 à l'âge de 94 ans.)

ES TRÈS POISONN. De plus, pas facile d'avoir raison avec elle, avec un trait de caractère comme celui-ci :

ÉPOOS S STINNER. Ernest, tu aurais dû te méfier pourtant, car le jour de ton mariage, tu as eu un malaise révélateur :

O NESS PRIT NOSÉ, ce qui expliquerait bien pourquoi tu étais, ce matin-là, au petit-déjeuner...

O NOSS P RÉTISEN. Mais que veux-tu, le cœur a ses raisons que la raison ne connaît pas... Il faut te consoler quand même car Yvonne n'avait pas que des défauts. Non, elle était aussi...

SSI ONÊT PERSON, que tu as eu finalement raison de la marier et de lui confier les finances et le budget de ta maisonnée. La preuve, c'est que grâce aux économies réalisées par ton épouse, tu as pu pendant quelques années – et elle aussi – réaliser un de tes rêves, comme on le voit dans l'anagramme :

Ô NESS É SON TRIP. Soit des voyages en Floride avec tes beau-frère et belle-sœur Émile et Yvette! Puis, vint un jour où Ernest se retira du marché du travail pour se joindre à ses...

POTES SENNIORS, c'est-à-dire ses amis de l'Âge d'or. Dans cette organisation-là, Ernest s'est intéressé à un jeu où...

NESS POINT É SOR, et où il ...

TIRE SSON POENS, soit très clairement la pétanque et, plus récemment, à un autre jeu où il est question de...

PINSS É TROOÉS, c'est-à-dire, bien sûr, aux quilles. Comme on est loin des sports extrêmes! En fait, Ernest, tu as toujours été un sportif de salon, l'anagramme suivante est très claire là-dessus :

O IÉ SPORS EN TSN. Je sais qu'avec toutes les informations que je viens de dire te concernant, j'aurai en héritage ce que je mérite, soit, si je me fie à l'anagramme suivante :

TROIS SENN PESO, soit à peu près l'équivalent de dix dollars 75 cents canadiens. J'aimerais cependant faire amende honorable et terminer par des bons mots. Du moins, en voici un :

Ô NESSS TIP EN OR! Un type en or, voilà réellement ce que tu es, Ernest. Vraiment, tu as toujours été et tu es encore un père et un grand-père qui toujours...

ONNOR SES PETIS. Une seule fois, je t'ai vu faire de la peine à un de tes petits-enfants, à Philippe plus précisément. Je le revois encore sauter dans les bras de ton frère Auguste qu'il a pris pour toi à une fête chez Denise Marcotte. Comme il a été gêné de sa méprise! Et comme on a rit! On en pleure encore! Mais là, ce n'était la faute de personne : c'était un mauvais coup du destin puisque de ton frère Auguste...

T SOSI EN PERSON! Ernest, tu es un homme et un beau-père aussi excellent que la viande que tu as vendue au marché public et ça, ce n'est pas moi qui le dit, c'est encore une anagramme :

T SI SEN POUR SEN; si bien que nous espérons que tu n'hésiteras pas à faire ce que la prochaine anagramme te conseille :

PRENS SOINS TOÉ. Cela t'évitera d'avoir à...

O TRÊNÉ N OSPISS*, et qui sait, avec la santé, peut-être la prochaine anagramme se réalisera-t-elle :

*Malheureusement, cette prédiction ne s'est pas réalisée puisque Monsieur Ernest Poisson, atteint de la maladie d'Alzheimer, a dû être interné dans un centre hospitalier de longue durée deux ans avant la parution de ce recueil. Il est décédé le 27 juillet 2017 à l'âge de 95 ans.

OP SOIS SENTNER! Cela peut fort bien arriver car, en fait, c'est une prédiction facile basée sur l'anagramme :

OP SEN TROIS ENS. Sache Ernest que tu es une personne que tout le monde ici aime beaucoup, et que c'est tous ensemble que nous disons haut et fort, anagramme SVP :

PORNO SÉ TI NESS! Non, ne vous méprenez surtout pas; ce n'est pas une nouvelle carrière d'acteur de films XXX qui se pointe. Non, si ça sonne comme ça, c'est seulement parce que dans ton nom «Ernest Poisson», il n'y a pas de «U». Avec deux «U» dans ton nom, j'aurais pu écrire ce que je voulais vraiment écrire :

«POUR NOUS, C'EST TI-NESS!»

Félicitations, Ernest, pour tes 80 ans!

•_•

J'ai oublié... (Mars 2017)

J'ai oublié qui j'ai été
Je ne sais pas qui je suis
J'ai oublié mes hivers, mes étés
Je ne sais pas où je vais, alors je suis
Je ne sais pas quoi faire, alors je ne fais rien
J'ai oublié les mots, alors je me tais
J'ai oublié le mal et le bien
J'ai oublié qui t'étais
J'ai oublié ma vie
J'ai oublié la vie
J'ai oublié...
Tout...

Le marché Verlaine (Été 2000/Mars 2017)

Voici un marché public de Trois-Rivières (1963-1989) totalement réinventé pour les besoins du 50e anniversaire de mariage d'Ernest et Yvonne Poisson. Bouchers, ils avaient pour voisins d'étal et amis, bouchers également, Marcel et Denise Gervais. Tous les autres noms d'étalagistes qui suivent sont fictifs.

Viande au détail

Jean Bonneau   Pat Deveault
Jean É. Haché   Oscar (dit Nonoss) A. Bouillon
Emma C. Lebœuf   Éloi Lecoq – Volaille
Sue A. Cauchon   Yvan Dufoy – Charcuterie
Simon Bacon   Paul Poulin – Viande chevaline

Fruits et légumes

Al Larose-Desjardins – Légumes   Rosaire Mongrain – Semences
J. M. Laverdure – Salades préparées   Pat Atkins – Pommes de terres
Bean Lefebvre – Semence   C. Laframboise -Deschamps – Fraises
O. Poirier-Loranger – Fruits   G. D. Pépin – Pomiculteur

Poissonneries

E. S. Turgeon   Yvon O. Poisson-Deschenaux
Marc Rheault

Pain et produits laitiers

Jos Vachon – Produits laitiers   A. C. Moisy – Pâtisseries fraîches
Mame Hamel – Produits laitiers   Ti-Blanc Lamy-Despins - Boulangerie

Fleurs et artisanat

Marguerite Laviolette – Fleuriste   Rose Latulippe – Fleuriste
Yvan D. Corbeil – Artisanat   Jean Plante – Jardinières

Produits divers

Antonio Legros – Viande en gros   Marjolaine Laurier – Épices
Sylvain Potvin – Vins   A. Boileau-Deschênes – Sirop d'érable
D. Petit-Baril – Bières artisanales   C. Noël – Sapins de Noël
O. Della Fontaine – Eau de source   H. É. Lanoix – Noix en tous genres
Julienne Parmentier – Kiosque à patates frites
Yvon Gagné - Kiosque Loto-Québec
Alpha Lepitre – Clown/garderie   Pierre Desmeules - Aiguiseur

Les retrouvailles des amis de la Côte (Juin 1997)

Josephleurer avec vous, en ce jour **Michaud**, mi-frette, quelques **Rollande**s du passé. Comme il fait encore **Claire**, je n'aurai pas besoin de mouches à feu, de **Lucie**oles pour lire mon texte.

Mais, tout d'abord, je me présente. Pas **Richard** pour deux sous, mais comme je me prétendais **Granger**nie, je me sentais à l'é**Cardin**fois... Je viens de la **Lorraine**, pas celle de **France**, pas la **Francine** (France-in) de **Françoise** Hardy (*Tous les garçons et les filles de mon âge...*); non, l'autre, la maman qu'on a tous **Aimé**e; aujourd'hui, elle **Gisèle** six pieds sous terre. À l'é-**Collard**-tiste du français, poète attit**Raymond**ial; j'ai déjà été **Serge**ant lanceur de **Pierre**s dans les **Luc**arnes (en passant, ça faisait bien **Patrick**, patraque!) Rassurez-vous, j'ai vieilli, je ne suis p**Lucien** (le «chien» des gars chauds). De plus, aujourd'hui, vous l'avez remarqué, je suis d'humeur **Joyale**!

On m'a invité ici, non pas pour fêter la **Noëlla**, ni pour jouer de l'har**Monique**a, ni pour entonner «**Chantal**ouette sans fausses notes», ni pour jouer du Aero**Smith**. Non, on m'a invité pour parler.

J'ai donc lavé mon auto pour qu'à **Louise** le plus possible; côté vestimentaire, je n'ai pas mis ma **Jacques**ette en **Jutras**ta-tinée; non, je me suis dit : «J'y vais **Antoinette** de soirée.» D'ailleurs, si vous voulez un toxedo, **Jean-Louis**-ci.

«Et quant à parler, me dis-je encore, **Maurice**quer quelques jeux de mots.»

Si je suis a**Gilles** avec les mots? Les jeux de mots, j'**Lessard** comme ça! **Jean** ai tant mis, que **Jean-Paul**lue tout mon texte; ça revole comme des balles de **Robert**! » Il y en a autant que

225

Denis d'oiseaux au printemps! Autant que des grumeaux dans une béc**Hamel**! Autant même que des grains de riz dans **Thérèse** Krispies!

Qu'est-ce qui m'in**Florence** à faire des jeux de mots? Ce n'est ni **Danielle** (ni Dan ni elle); non, c'est ma muse!

«Sa quoi, vous dites-vous? Vient-elle de **Marcel**le-là?» Non, pas du tout! Elle vient de ma tête. Mais ma caboche, elle est un peu comme un bain qui **Perreault**; et ma muse, elle **Suzanne**-née après année; elle devient lente comme un l'**Hemming**. En fait, elle ne tiendra bientôt plus sans broches **Nicole**!

Mais il me faut lire mon texte avant que tom**Benoît**rceur... pendant **Leclerc** du jour...

Avant, cependant, une chose encore : vous êtes des personne t'**André** des **Jean-Paul**is, vous comprendrez que ma muse – qu'est-ce qu'elle en ar**Rachel**le!

Oups! Déjà je crains bien que la bière, **Johnny** trop bu... C'est plate, je vais être obligé d'arrêter ici...

A**Michel**lut!
A**Michelle**u!

«J'chuis-tu chaud, moé là, là?» (En fait, génétiquement parlant, je suis seulement **Michaud**!)

Les amis de la Côte, ce sont ceux et celles qui ont «jeunessé» dans une cour d'une rue transversale au Chemin Hemming à Drummondville, la rue Hamel (maintenant rue de la Tannerie), durant l'enfance et l'adolescence de l'auteur : ils venaient des deux rues voisines : Fleurant et Milton; ils venaient aussi de la ville; ils venaient même de Longueuil, au sud de Montréal. Tous y ont joué ensemble, puis plusieurs se sont fréquentés, et certains se sont mariés. Cette cour, c'était ma cour!

LE FRANÇAIS À LA LIVRE

Lettre d'un séminariste à son père (Novembre 1988)

Séminaire de Montréal   Le 01 novembre 1988

Cher père, comment allez-vous? Vous portez-vous mieux? J'ose le croire et sachez qu'en ce Jour des Morts, je prie vivement pour vous.

Je vous en supplie, père, accrochez-vous et attendez pour mourir que j'aie fini mon cours de prêtrise; je voudrais tant que vous soyez le premier à profiter de l'enseignement que je reçois grâce à vos sous. Car, souvent saoul, vous avez tant juré et sacré toute votre vie durant que j'aimerais bien pouvoir, votre calvaire fini, vous porter le Christ en hostie dans le ciboire du Tabernacle pour vos derniers sacrements!

Plusieurs événements se sont produits depuis hier matin lorsque je vous quittai pour pénétrer au séminaire; permettez que je vous les raconte nûment. Certains de ses membres, grands et petits, tous virils et fort gais, m'accueillirent bandés, qui un bras, qui une jambe, des suites d'une joute récente de pelote basque. Comme moi, vous devez déjà être mort de rire!

Pour moi, cependant, ce jour-là fut triste car il pleuvait; cela m'eut plu plus qu'il ne plût plus! Cela m'a déplu, sans plus! De plus, je fus pris dans un embouteillage : ah! ce bouchon, il eût fallu que vous le vissiez!

Chemin faisant, je rencontrai Paul, le frère de notre voisine avec qui, je m'en confesse aujourd'hui, je m'amusais à jouer au docteur? Je festoyais avec la voisine, pas avec Paul! Nous jouions au docteur à nous en rendre malades! Je me rappelle aussi que Paul me traitait souvent d'imbécile et que moi, toujours, je niais! Puis moi, quand je le traite de fou, lui, il dément! Insensé, non!

Cette rencontre éveille un souvenir d'enfance qui m'est pénible : vous me punîtes à l'époque me reprochant d'avoir accepté d'un quidam un bonbon et de l'avoir mangé... le bonbon. Je vous l'ai affirmé alors afin que vous le sussiez : j'étais innocent! N'eût-il pas fallu que je le reçusse ce suçon pour que je le suçasse? À mes yeux d'enfant, c'est une réputation de père injuste que vous acquittes; aujourd'hui, cependant, puisque je vous quitte, je vous acquitte. Soyons quittes, voulez-vous?

Chemin faisant, deux jeunes filles court-vêtues, bien que fort jolies, parurent avec leur parure. Elles me hélèrent: «Eustache! Eustache!» Je me dis: «Elles se trompent d'Eustache». Et puis, étant peu prévenu au sujet du sexe opposé, fallait-il que j'ouisse ces demoiselles sans que vous le pûtes aussi? Ce que je falusse faire? Je ne savais pas... Puis j'ai pensé: «Ont-elles une maison qu'elles closent»? Je fuis donc aussi vite que j'étais venu et l'affaire resta pendante (rassurez-vous, père, l'affaire pend toujours!)

Hier, lundi, premier jour de classe: rien à voir avec la petite école! Le professeur parla d'abord de poésie: nous rîmes! Puis nous nous mîmes à faire les mimes. Ensuite, il fut question d'oiseaux: nous nous plûmes à l'écouter. Le latin? Nous le massacrâmes et le sacrâmes summum de l'âme de l'homme! Non, pas amène, le latin... La leçon de musique fut cacophonique: pour que le maître fût content, il eût fallu que nous partissions en chœur sur l'air de «si la si si la miré mi la mi do ré fa la ut». Constructif*, oui, mais totalement hors de notre portée! En math, il fut plus ou moins question de quotient; sous pression, nous ne comprîmes rien! Et cela multiplia les divisions dans la classe... Jour après jour, on vit gonfler un gland dans les mains expertes du professeur d'histoire naturelle de qui on disait aussi: «Il est fort car il nous émeut même avec des émeus»; et moi, avec émoi, je rétorquai: «Mais peu m'en chaut des manchots!» Enfin, nous lûmes un texte: «Nous, les cerfs, rayons sous les rayons du soleil qui, mâtin, le matin, point, point!» Voilà ce que nous apprîmes en prime.

La classe terminée, je me ruai aux toilettes: toute la journée, il m'avait fallu lutter pour ne pas que je me lâchasse. Demander de sortir était exclu: le professeur n'eût pas voulu que je l'interrompisse! Père, il faut que vous le sachiez, merde: c'était le hachis du dîner!

Au souper, je fus de corvée de pommes de terre, je fis si vite qu'un Père me dit: «Que vous m'épatâtes!» Repus de notre cène sans scène, nous allâmes nous coucher non sans une oraison jaculatoire au bon pape Pie VII si célèbre pour ses nombreuses érections: ses temples et ses statues, ils se dressent encore et on les contemple toujours à Rome. Ce saint pape, dit-on, était doué d'une telle pénétration que cela tenait du miracle! Il mérite d'emblée d'avoir été élevé organe de notre sainte Mère l'Église. Comme j'aurais aimé avoir cette qualité de ce pape, un bout du moins...

Voilà! Je dois terminer ici ma lettre en espérant que le bon père censeur (qui est maintenant sans sœur) permettra qu'elle se rende telle quelle jusqu'à vous sachant quel réconfort elle pourrait vous apporter. Faites-la donc lire à mon frère, qui est masseur, pour son édification.

Votre fils bientôt Père qui vous aime en esprit! Amen!

*Si la scie scie, l'ami Rémi Lamy-Doré fait (fa) la hutte, d'où l'aspect «constructif» de la leçon.

«Sexagération» en sextine (Mars 2017)

Je suis sexagénaire
Un sex-symbol sexé
Sexuellement actif
Mais pas du tout sexiste
Bravo le sex-ratio
Loin de moi le sexage
Je ne suis pas sexeur

Je joue des sextolets
De jazz dans un sextette
Ou dans un sextuor
La salle sexpartite
Accueille sans sexisme
Jumeaux et sextuplés
Avec, sans sex-appeal

«La sexothérapie
Te rendra très sexy»
Me dit le sexologue
Consulté à la sexte
«Rends-toi dans un sex-shop
Ta sexualité
Lèvera au sextuple!»

De primo à sexto:
Mes relations sexuelles
Sont sexuellement
Haussées d'un sextillion
L'apogée de mon sexe
Sauf les sexagésimes
Se mesure au sextant!

Gros bouquin, grosse déception (Septembre 1989)

Le journal **La Rochelle** (de St-Louis-de-France, village situé près de Trois-Rivières, Québec, à cette époque) faisant traditionnellement relâche en août, je disposais de plusieurs semaines de vacances; j'ai donc pu enfin me permettre la lecture d'un bouquin à moi maintes fois chaudement recommandé, lecture que je remettais sans cesse faute de moments libres en quantité suffisante. Vous comprendrez mieux si je vous dis que le bouquin dont il est question fait dans les 1700 pages! Une brique? Un bloc de ciment, plutôt!

Aborder un tel monument est, il va de soi, un défi de taille qui ne peut pas être relevé par le lecteur moyen, celui qui, dans un récent sondage, avouait candidement ne lire que les boîtes de céréales. Et encore, avec difficulté! Non, il faut au lecteur d'une œuvre de cette ampleur des qualités exceptionnelles, une aisance à lire grâce à une morphologie particulière de l'appareil oculaire, une pratique de lecture de plusieurs années, une capacité de concentration mentale hors norme et une bonne dose de détermination et de courage. Je n'ai évidemment pas à vous convaincre que, grâce au hasard fortuit des mélanges chromosomiques paternels et maternels, ces prédispositions, et bien d'autres, je le dis modestement, se retrouvent en qualité et en quantité gargantuesques chez l'auteur de cette chronique!

Mais, revenons au bouquin et tâchons d'en faire ressortir les points forts et d'en souligner les points faibles.

Tout d'abord, concédons aux auteurs (*ils sont **quarante-sept!***) une connaissance et une maîtrise extraordinaire de la langue de Molière (incidemment, un des milliers de héros du livre!) qui brille ici par sa variété, sa richesse et sa précision inégalées dans aucune autre œuvre, je crois bien.

Les personnages, fort nombreux, ne sont que sommairement dépeints, mais ils le sont quand même suffisamment pour qu'on croie à leur matérialité, pour la plupart d'entre eux, en tout cas.

Les lieux et les époques où se déroule le drame sont bien décrits quoiqu'on soit loin de l'unité de lieu et de temps si chère aux tragédiens classiques tels Racine et Corneille.

Et l'histoire, me demandez-vous, y en a-t-il une? Si oui, quelle est-elle? Est-elle intéressante?

Je l'affirme tout de go et péremptoirement : je n'ai rien compris de l'action et de son déroulement! Les auteurs (*ils sont, en chiffres romains, **XLVII***) ont fait un pari démesuré, qu'ils ont perdu, je pense, et qui relève du suicide littéraire, en rédigeant une œuvre aussi prolixe dans un style abstrait et décousu. Cela déroute et décourage le lecteur dès les premières pages!

Dans ce livre, aucun sujet n'est tabou, c'est-à-dire que tous les sujets sont abordés, franchement, crûment. On passe de l'un à l'autre dans un gigantesque et interminable saute-moutons désordonné, sans lien ni fil conducteur apparent, à la va-comme-je-te-pousse, sans cohérence d'ensemble. Du moins, ce fil, je ne l'ai pas vu...

La division des chapitres est aussi d'un arbitraire invraisemblable : on s'y retrouve aussi facilement que dans un panier à linge dans lequel on a précipitamment amoncelé toute la lessive à sécher d'une famille de 15 enfants en début d'averse!

Pis que cela : je prétends que les auteurs (*en binaire, ils sont* **111101**) ont totalement erré en dissociant leurs personnages du cœur même de l'action. Ils sont comme écartés de l'aventure, perdus...

Et puis, et là je bouille littéralement, j'allais écrire littérairement, les auteurs (*et, je le rappelle, ils sont, en latin,* **quadrāgintā septem**) ont, à mon avis toujours, fait preuve d'une épaisse fatuité condescendante en encombrant l'action, à tout moment, de la définition des mots utilisés!

Et que dire de ces illustrations, cartes et photographies insérées ici et là et dans lesquelles on s'enfarge à tout moment de notre lecture? Prétend-on que le lecteur, même le plus abruti, ne sait pas de quoi a l'air des objets aussi communs qu'une bouteille, une clef, une guitare et un champignon, ou des animaux aussi familiers qu'une mouche, un oiseau, un chien et un chat, qu'il faille en montrer une image? Voyons, mesdames et messieurs les **47** (*si vous l'aviez oublié, c'est le nombre, en chiffres arabes, des auteurs de ce bouquin*) un peu de décence! Quel mépris de l'intelligence des gens!

Non, non et non! Malgré que cet opus soit un best-seller réédité annuellement, ce que je n'arriverai jamais à comprendre, je ne vous recommande pas, mais pas du tout, la lecture du dictionnaire *Le Petit Larousse illustré*.

Les auteurs ont beau être 47, (*en grec :* **tetracontakaihepta**) les rééditions comportent toujours des correctifs sur la version antérieure. Pas fort!

(Même si l'histoire dans le dictionnaire est totalement confuse et emberlificotée, on y apprend plein de choses bonnes à savoir, tout comme dans ma chronique! Par ailleurs, fin des années '80, j'ai dû écrire une douzaine de chroniques dans le journal La Rochelle, toutes portant sur la littérature.)

Avertissement au lecteur. Les histoires et historiettes qui suivent se veulent un clin d'œil à Marc Favreau (9 novembre 1929 - 17 décembre 2005) dont le personnage de Sol, clown et poète, triste et volubile, expert en jeux de mots à double sens, à la fois drôles et sérieux, a marqué la télévision canadienne française des années 60-70 puis, dans les années 1980, les scènes de spectacle québécoises et internationales. Moi, je ne fais que l'imiter, lui, reste le maître...

Une histoire d'A (Décembre 1991)

L'**abbaye abbasside** est à l'abandon. On dirait un **abatis** ou même un **abattoir**, les **abats** et les **abattis** épars sur un ancien **AA**. Les **abat-son** ne renvoient plus le **a** (la note «la» des Anglais) **abasourdissant** de la cloche comme autrefois. L'**abat-vent abbatial** n'empêche plus de s'**abattre** la pluie d'**abat**. L'**abat-jour**, en tissu d'**abaca**, n'est plus où il devrait être, sur l'**abattant** du bureau. L'**abat-voix** de l'**abbatiale**, près de l'**abaque**, est comme **abattu** : trop d'**abaissement**?

Et pourquoi cet **abandon**?

L'**abbé**, au faciès **abbevillien**, est malade : un **abaisse-langue** ferait voir, derrière les **abajoues**, un **abcès** douloureux qui l'a fait **abdiquer**, s'**abaisser**, s'**abâtardir** même, le laissant **abattu** comme un **abandonnique** frappé d'**abasie** tournoyant tel un navire sur son **abattée**.

L'**abbesse**, convaincue qu'il n'était pas **abattable**, que tant d'**abattement** et d'**abâtardissement** ne manquait pas d'**abasourdir**, ignorante de l'**abc** médical qui le ramènerait capable de l'**abattage** de l'**abatteur** en forêt vierge, préféra elle aussi l'**abdication** et choisit de s'**abandonner** au désespoir!

Voilà amis lecteurs et lectrices, l'histoire triste que m'a susurrée à l'oreille la page 1 du dictionnaire *Le petit Larousse illustré* en couleurs 1987 et ce, à mon total **abasourdissement**!

•_•

Et vous, votre dictionnaire, vous en conte-t-il des histoires?

Le mien, mon Larousse, insiste pour m'en raconter une autre, celle de sa page 990 et qui a pour titre : *L'Arche de Zoé*!

L'Arche de Zoé! (Janvier 1992)

Ce **zaïrois**, né d'une mère **zarabe**, **zélateur** du **zen**, vêtu d'une toge de **zénana**, friand de **zakouski** à base de férule de **zamia** – pour la **zéine**? – et de **zestes** de citron, amateur de **zapateado**, de **zarzuela** et de **zanzibar** ou **zanzi**, parlant **zend** avec **zéro** faute et grec d'alpha à **zêta**, ce **zaïrois**, dis-je, est un excentrique et un **zélé**!

Élevé dans une **zaouïa**, une sorte de **Z.A.C.** ou de **Z.A.D.**, membre plein de **zèle** d'un **zemstvo** – on le disait un peu **zélote** – il fut victime d'une roche de **zéolite** venue du **zénith**, reçue sur le crâne; voilà pour son comportement de **zani** ou **zanni**!

Imaginez : délaissant sa **zapette**, ce **zazou** acquit pour quelques **zaïres** – obtenus d'un **zaibatsu**? – un **zeppelin** noir **zébré** de **Z** jaunes (la nacelle est en **Zamak**; le plancher en **zellige**). Il y a entassé des **zabres**, des **zancles**, un couple de **zèbres zambiens zains**, rares car sans **zébrures**, des **zébrules** ou **zorses**, quelques **zées** et deux **zébus**.

Ayant calculé sa distance **zénithale**, il flotte, permettez-moi ce **zeugma**, bercé par le **zef**, le **zéphyr**, et par une douce folie...

Petite leçon de français no 1 : le péché (June 1991)

J'écris cette chronique — bientôt ***best-seller***? — à l'intention de nos amis anglais désireux d'apprendre les rudiments de notre belle langue française. Sachez cependant que cette langue si belle comporte quelques difficultés. Lisez le *sketch* qui suit et, assurément, vous deviendrez bien vite des ***cracks***. Donnez-m'en du ***feed-back*** un de ces jours.

Ce matin-là, dans le **cockpit** de son **yacht**, un **sharpie**, on vit le **shiplander** de Liverpool, fils d'un ancien **tommy, self-made man** et **gentleman** de grand **standing, tory** anti-**whig** — ce parti qui fait les **bills** à la chambre des **Lords** — **boss** et **leader** d'un **trust**, membre d'un **think-tank** de la **gentry londonienne**, amateur de **bowling**, de **baby-foot**, de **surf**, de **snowboard**, de **kite**, de **trekking**, de **skating**, de **roller-ball**, de **karting**, de **hockey**, de **football yankee**, de **baseball**, de **softball**, de **handball**, de **jumping**, de **sky-surfing**, de **trail**, de **jogging**, de **step**, de **tubing**, de **tumbling**, de **camping**, de **caravaning**, de **snooker**, de **quad**, de **kicker**, de **water-polo**, de **beach-volley**, de **close-combat**, de **full-contact**, de **fitness**, de **black jack**, de **whist**, de **bridge**, de **strip-poker**, de **scrabble** et de **scrap-booking**, — tout un **patchwork!** — on le vit, disais-je, accoster habilement aux **docks** de Brest, près d'un **shed** abritant un amas de **lambswool**. Je dis habilement car des **motor-sailers**, des **sister-ships**, des **house-boats**, des **skiffs**, des **bricks**, des **yawls**, des **steamers**, des **tankers** aux **ballasts** pleins de **coke**, et maints **schooners** libérant des **boat-people**, encombraient l'accès au **wharf**. De plus, un **smog** épais et tenace sévissait. Vêtu d'un **pull** de **shetland** et d'un **sweater** en **tweed** avec **smocks** formant **twin-set**, portant un léger **short** de **tennisman** et chaussé de **boots** de **cowboy**, il n'avait pas l'élégance du **dandy** dansant le **twist** ou le **be-bop** dans un **dancing** mais, disons qu'il était

sexy, qu'il avait l'air **smart** et **cool** du **rocker swinguant** devant un **juke-box** jouant un **rock and roll**.

Ce **week-end**, son **shift** terminé, notre **globe-trotteur** quittait son **job** et ses **post-it** et, le temps d'un **audit** de son **show-room** et histoire de chasser le **stress** de ses nombreux **speeches** dans les **briefings** avec son **brain-trust** de **chums businessmen** de son **happy-few**, il se rendait faire un **shopping** en sol français, muni de ses **shillings**, **pennies**, obtenus de ses **royalties** et, aussi, muni de **traveller's checks**.

Louer un **scooter** au **tuning** unique, avec **top-case**, aux pneus **tubeless**, alliant le confort d'un **side-car** et la rapidité d'un **mustang**, filer un long **sprint** endiablé comme dans un **motocross**, un **derby** ou un **open** de **stock-cars**, traverser les **creeks** et dépasser les **cabs vintage**, les **vans**, les **loaders**, les **scrapers**, les **corn-pickers** et les **trucks** remplis de **coaltar**, furent choses faciles. L'engin, muni d'un **starter**, décolla tel un **sprinter** de ses **starting-blocks** au son du **revolver**.

Malgré un léger **shimmy** continuel mais forte de ses **horse-power**, malgré un léger **blizzard**, la machine franchit, tel un **blitz**, les **yards** qui la séparaient de son but. Cet engin était un véritable **dragster** qui pétaradait des **big-bangs** et seul un manque de **fuel-oil** dans le **tank** aurait pu le **stopper**. Cela n'arriva pas! Une **photo-finish** eût pu difficilement capter ce **finish** et il eût, dans une vraie course, gagné par **walk-over**.

Laissant son bolide au **parking** du **drive-in**, il alla tout d'abord au **drugstore**, voisin d'un **sex-shop**, dans lequel un **snack-bar** était aménagé, pour y consommer un **soft-drink** et un **breakfast** : **corn flakes**, **toast** et **bacon**. C'eût été le **brunch** du midi, qu'il eût commandé un **scotch whisky**, un **sherry**, un

gin, une **pale-ale** ou un **gin-fizz**, un **smoked-meat** ou un **club-sandwich**, des **nuggets**, un **bifteck** ou un **hamburger ketchup-relish** et un **milk-shake** sorti du **freezer** qui auraient tôt fait de le repaître. Ingurgitant son **lunch** plus un **cookie**, un **cake** et un **pop-corn**, son regard se porta vers le **mass media** que constitue la télé : la **sitcom** terminée, un **speaker**, à l'air **snob**, commentait un **match** de **foot** Liverpool-Paris joué la veille. Ayant bénéficié de **corners** et de quelques **shoots** de **penalty**, certains ayant déjoué le **goal** parisien, la victoire du **Liverpool club** fut acquise par un **break** important malgré un **forcing** adverse; le **score** : 6 à 2! Un **happening**! Et le **standing ovation** des **hooligans**, quel **buzz**! Cela fut montré avec force **travellings** et **zooms** par un **reporter-cameraman free-lance** délégué sur les lieux. Très **sport**, très **fair-play**, le **coach** français félicita les gagnants. Puis, à la **boxe**, sur le **ring**, le **challenger**, un **outsider**, a mis **knock-out** le tenant du titre **welter** par un **bluff** de quelques **swings** suivis d'un **uppercut** et ce, au premier **round**! Sur le **turf**, on vit un **jockey** sur un «**poney**» gagner un **steeple-chase**... Il vint de nulle part, comme un **pop-up** ou un **joker**! Puis on nomma les gagnants **fifty-fifty** d'un **jackpot** d'un million de **dollars**.

Suivirent, éclairé par des **sunlights**, un **clip** de **hip-hop** dans lequel **riffs** de **rap** et de **breakdance** d'un **drummer Black has-been** un peu **jazz**, **soul**, **funk** et **grunge** se surimposaient à des **tags undergrounds** très **pop art**, puis un **spot** annonçant, – quel **casting**!, il connait la **gimmick**! – par les bons soins d'une **pin-up sexy** – une **call-girl**?, un important **meeting**, l'**open** annuel de **squash**, dont le **sponsor** principal commercialise des **cold-creams** et des **shampoings**, des **musts** pour les **teenagers**. Cela fit songer à notre **boy-scout** que son **look western** avait souffert du voyage : il prit son **vanity-case** et se dirigea vers les **water-closets** pour se **relooker**. Asperger d'un **spray** sa chevelure (son **scalp**), la gratifier d'un vigoureux **brushing**, s'appliquer de l'**after-shave**, puis, petit **strip-tease**, se dévêtir et vêtir un **blue-jean stretch** très **in** et un **blazer flashy** style **sportwear** et à **zip** propres, chausser des **baskets**, lui redonnèrent son **sex-appeal,** pas à la **hype**, plutôt genre **sex-symbol** à la **Dean**. Quel **puzzle**!

Notre **dandy** sortit et marcha jusqu'à un **free-shop cash and carry low-cost self-service** pratiquant le **télémarketing** situé près d'un **dancing** et faisant face au **square** principal orné de **stickers**, **squatté** par des **hippies** et des **junkies** en état de **trip** – quel **garden-party**! – ayant **sniffé** et s'étant **shooté** de la **dope**, – «Très **shocking**!» – et dont le **bow-window** lui était familier. Il savait y trouver, sur les **racks**, ce qu'il cherchait : lampes **flood**, appareils **reflex**, montres **waterproof**, **walkmans**, **talkie-walkies**, **ampli-tuners**, **hi-fi made in USA**, dotés de **tweeters**, **woofers** et **boomers** performants, ces derniers vendus en **kits** et, pour améliorer son **handicap** au **golf**, des **clubs** qui enverraient sa balle sur le **fairway** et le **green** et non dans les **bunkers** ou le **rough**. De quoi mettre **tilt** de jalousie son **staff** lors de la prochaine **garden-party**. «Quel **break-down** ils vont faire!», se dit-il en **slang** des **bad-lands**. Il en perdit presque son **bridge** et son **self-control** et faillit faire le **clown** comme dans une **rave**...

Vérifiant sa **check-list** et après un bref **brainstorming** avec lui-même, il acheta tout à prix de **dumping** et ce, sans **check-up** aucun. Il paya **cash** en livres **sterling** et profita d'un substantiel **discount**. En prime, il reçut des **posters** et des **pin's** des **stars** et des **stand-ups** les plus **in** et **glamour** du **hit-parade**, de la **pop music**, du **show-business**, de la **star system** et du **box-office** français – il était un **fan** fini de leurs **blogs** : **Johnny Halliday, Eddie Mitchell, Dick Rivers, Mike Brant, Darry**

Cowl et **Eddie Constantine,** tous en **smoking, V.I.P.** obligeant, quelques-uns ayant fait un **coming-out,** d'autres un **come-back** sur **film** ou **compact disc.** Son **shopping** terminé, et quel **puzzle!** il mit son **stock FOB** sur un **lorry,** loua un **mail-coach** en **gentleman's agreement** et un **stand** dans un **tramp** en route vers l'Angleterre.

Un **check-up** de son **yacht** montrant une avarie du **shunt,** il le laissa au quai et se mis en **stand-by** pour le **ferry.** Il avala au **grill** quelques **hot-dogs,** du **corned-beef,** un **mug** de **coke** et une **ice-cream,** puis, las, décida de s'en retourner à son **home** natal, pas un **loft** mais un coquet et **cosy cottage high-tech,** idéal pour le **cocooning,** sis dans un **no man's land,** doté d'un vaste **hall,** d'un confortable **living-room** et d'une pratique **kitchenette** avec **freezer,** le tout meublé très **design** y compris un **rocking-chair.** Connecté au **Web** grâce à un **wi-fi,** sans **proxy** et sans **firewall,** il **tweeta** son **flirt,** sa **chum,** sa **lady,** une **miss** avec qui il avait rompu, un **clash hard,** mais avec qui, après un court **suspense** et force **sticks** et **eye-liner,** il renoua; supprimant les **spams,** il lut ses **emails** et, malgré les **bugs, surfa** sur son **blog.**

Il prit alors le chemin du retour. À la pensée de retrouver ses **colleys, boxers, setters, bull-dogs** et **beagles** au **linkage** impressionnant dont il faisait l'élevage – un **hobby** de **gentleman-farmer** – qu'il avait confiés à une **baby-sitter** spécialisée, le **spleen** qui l'envahissait disparut. Il devint plus **cool,** mâcha son **chewing-gum** avec moins d'impatience. Il n'y avait plus de **rush!**

C'est sur ce *happy end* que finit mon «*road-movie*», *remake* de *script reality-show*, un *rewriting* d'une chronique *nonsense* publiée en 1991 dont j'ai le *copyright*. N'est-ce pas que ce *best-of* de mots franglais, va vous permettre, amis lecteurs anglais, de ne pas vous sentir *out* en sol français? Ah! Quand **Shakespeare** se marie avec **Molière**...

Note : les mots anglais que vous venez de lire dans ce texte sont vraiment tirés des *best-sellers* que sont les Petits Larousse en couleurs 1987, 2013 et 2018.

Petite leçon de français no 2 : la pénitence!
(XIV Augustus MCMXCI Anno Domini)

Des **aléas** au métier de chroniqueur existent : censure, polémique, libelle diffamatoire, entre autres. Je savais tout ça... Il y a peu, j'ai reçu un «mauvais» pli qui m'a littéralement coupé les **tibias**! En bref, on m'a porté une accusation se rapportant à mon texte en franglais, «*Petite leçon de français no 1*». Mes accusateurs étaient de soi-disant éminents puristes de la langue française. **Post-partum**, je fus jugé, trouvé coupable et sentencié. J'avoue en avoir un peu perdu mon **latin**... Permettez que je vous raconte tout ça, c'est **gratis**!

Les cloches sonnaient l'**angélus**, au loin. Après mes **laudes** et un **bénédicité**, «**carpe diem**», me disais-je; je recherchai donc dans un café **lactosérum** un **stimulus** qui m'eût ramené mon **tonus optimum**. **De facto**, ce **nectar** fit **illico** son œuvre : je lançai un **vivat** sonore qui ébranla ma **villa**. Mais, comme ce faisant je me cognai l'**humérus** sur le **vidéo**, je dus calmer mon **égo**.

Lové en **fœtus** ou en position **décubitus** sur le divan de mon **insula**, je regardais un **omnium** cycliste, lorsqu'on frappa à la porte de mon **solarium**; c'était le **factotum** de la Poste. Il me remit un pli certifié et un **folio** que je dus signer et dont il garda le **triplicata**. Il s'éloigna et se mêla aux **quidams**. Je défis **hic et nunc** le pli : c'était un **ultimatum**!

En voici le **verbatim**. «Le **factum** en franglais portant votre **ex-libris**», y était-il écrit au **recto**, «publié **in extenso** constitue un **quasi casus belli** faisant de vous une **persona non grata**. Vous n'avez pas eu le **nihil obstat** donc l'**imprimatur** lui eût dû être refusé. Notre **desirata** est que vous vous soumettiez à un comité **ad hoc** qui fixera le **quantum** approprié à votre faute. Un **symposium** s'impose.»

Nota bene : «Ne pas obtempérer à ce **sub pœna** pourrait signifier **ipso facto** votre mise à l'**index**, voire votre **exeat** de la profession. **Item**, nous pourrions vous contraindre **manu militari**, c'est-à-dire à la pointe du **pilum** sur le **sternum**!» Au **verso**, un **postscriptum** indiquait les **ubi** et **quanda** de la réunion.»

A priori, mon **tonus** m'amena près de l'**ictus** ou de l'**infarctus** : c'est du **delirium tremens**! J'eus envie de jeter ce **rébus** aux **détritus** et d'exiger un **habeas corpus** mais ma curiosité portée au **maximum** et mon **agenda** me le permettant, je voulus rencontrer **de visu** et **in situ** ces **missi dominici** afin d'opposer mon **veto** et, j'y tenais **mordicus**, d'obtenir **quitus**, un **fiat lux** à la clé, peut-être. Je m'habillai **subito**, empruntai l'**exit**, me retrouvai **extra-muros** et pus prendre **in extremis** l'**omnibus**. **Via** quelques détours, je fus rendu. De lourds et sombres **cumulus** plus d'inquiétants **nimbostratus** volaient bas, à en frôler les **sinciputs**, eût-on cru. Présage? Quoi qu'il en soit, j'entrai. «**Alea jacta est**!», me dis-je, **in petto**.

«**Ecce homo**!», clama sans **décorum** un **alter ego** de **magister**, espèce de **dom** portant **pallium** orné de **lapis-lazuli** et d'un **agnus-dei**, sentant l'**arum** ou l'**aster**. J'observai l'**homo sapiens** qui eût pu être une **virago** : son visage était couvert de **nævus**, de **lupus** et de **prurit**, l'**impétigo**? Il souffrait de pieds **valgus** (ou **vice-versa**, de pieds **varus**, le **distinguo** ne m'étant pas aisé); non parfumé d'**arum** ou d'**aster** ou de **pollen** de **géraniums**, il dégageait une odeur **sui generis**, l'**asa fœtida** presque. Sa main se crispait comme en **rigor mortis** sur un **in-quarto**, sorte de **mémento** ou de **vade mecum** qui ne le devait jamais quitter.

«**Bravo**! Vous êtes **recta**, continua-t-il, assoyez-vous **ad libitum**, montrant deux chaises sous un **ex-voto**. Mon **tandem**, pardon, mon **triumvirat**, sorte de **præsidium** que j'exerce par **intérim**, formant **quorum** selon un **numerus clausus** fixe; commençons! Mais avant tout entonnons, comme l'exige l'**ordo** en ce jour, un **Ave**, un **Pater**, un **Te Deum** et un **Magnificat**.»

Subito, tel un **pater familias**, pointant **ex-abrupto** son **index** vers moi et exhibant le **corpus delicti**, d'un ton **ex-cathedra**, il annonça : «*Lingua gallica versus* Luc Granger, *alias* auteur et *minus*.» Un **rictus** méchant déforma son **faciès**. Je me serais cru dans un **péplum**! **Infra**, en **extra**, les **items** de leur «**post-mortem**».

Primo : des **errata** se retrouvant **passim** y compris dans l'**incipit**;

Secundo : **ibidem**, un fort **ratio** d'**alinéas** y étant fautif;

Tercio : le raisonnement global y étant **a contrario**;

Quater : ce texte étant parsemé, **exempli gratia**, de **hiatus**;

Quinto : **o tempora! o mores!** Le **quota** permis de **virus**, **id est** le **prorata** d'anglicismes, étant **de jure** dépassés;

Sexto : ce texte étant issu d'un auteur à l'**imago**, **idem**, à la **libido** toxiques et, en **sus**, au grave **déficit** intellectuel;

Septo et **ultimo** : l'article, loin d'être un **ana**, étant susceptible de mettre en péril le **mens sano in corpore sano** du **vulgum pecus**;

Notre **trio** a décidé, **ad nutum** et sans plaidoyer **pro domo** de l'accusé, que ce dernier a créé une **intox**; il devra donc, l'**in-pace** envoyant **in patres** n'existant plus, faire **hic et nunc** un **mea culpa orbi et urbi**, et une cure dans un **sanatorium**, conditions **sine qua non**, à défaut de quoi l'**usus**, l'**abusus** et le **fructus** du crayon lui sera retiré **in sæcula sæculorum**, **ad vitam æternam**. Puisque nous rejetons tout **alibi** et tout «**errare humanum est**», nous statuons que le **statu quo** et tout **modus vivendi** sont inapplicables en cette affaire. N'espérez aucun **indult! Dura lex, sed lex!** L'ajournement est prononcé **sine die. Magister dixit!**» «**Vade in pace!**» C'était l'heure de l'**Angélus**, à la **radio**, le **quatuor** les Beatles chantait **Amen** (*Let it be*) **a capella**.

Ce **continuum** de fautes et cette sentence «**pathos**» me fit l'effet d'un quintuple coup dans le **scrotum**, au **tibia**, au **sacrum**, au

plexus et au **cortex**. Un **sébum** abondant coula sur ma peau. Je sentis un fort **stimulus** au **jéjunum** et au **duodénum**. Mes **sinus**, comme en **vortex**, voulaient éclater. Le **mucus** à la bouche, me rappelant que «**audaces fortuna juvat**» et du «**Si vis pacem para bellum**», j'attaquai **moto proprio** : «Voici ma réponse **ad rem** : **Quid**? Je ne mérite pas d'**accessit**, soit! Comme je suis **cogito ergo sum mens sana in corpore sana**, je vais faire appel à la **vox populi** par **référendum** sera la **vox dei** qui, **mutatis mutandis**, et **a fortiori**, saura reconnaître en vous, **a postiori**, des **homo sapiens ultras** imbus de leur **cursus**, de leur **curriculum vitæ** et de leurs diplômes **honoris causa**, le **nec plus ultra** des «**beati pauperes spiritu**», des as de la «**vis comica**», le **summum** de l'imbécillité. Non! Pas de **motus**! Vous vous croyiez au **nunc est bibendum**? Vous pensiez m'avoir réduit à **quia**... Laissez-moi finir! **Grosso modo**, je vous rappelle le «**Sic transit gloria mundi**»... Qui n'aura plus d'**aura**? Tombés de votre **nova**, vous vous cognerez l'**occiput** et tout le **toutim**! Quand le peuple, tel un **Deus ex machina**, clamera : «**Vade retro satanas**!» que vous crierez «**Miserere**!», nous serons alors **ex-æquo**! J'aurai **quitus**! Faites un **de profundis** de vos **a priori** et de votre **credo** car sachez que je me les mets dans le **rect**....*», terminai-je, en levant haut le **radius** droit à l'aide du **biceps**. Je quittai les lieux, **ab irato**!

Deo gratias, c'était fini! **Veni, vidi, vici!**

***Addenda** 1 : le mot donnant un sens à ma réplique est incomplet, celui-ci étant malpoli, incorrect et déplacé autant en latin qu'en français. Je prie mes lecteurs de bien vouloir pardonner à l'auteur ces dures paroles, dites sous l'effet combiné de la colère et de l'indignation. **Addenda** 2 : Mais non, il n'y a pas de «**momentum**» dans mon texte, ni au propre, ni au figuré; je vous l'apprends peut-être, comme je l'ai appris moi-même il y a peu, ce mot d'usage courant est un anglicisme bien qu'il soit d'origine latine; c'eût donc été un double péché mortel à me faire pardonner et bénir... *In nomine patris, et filii, et spiritus sancto, Amen!* Voilà, c'est fini : **Ite missa est.**

C'est beau l'Italie...hein?
(Inédit – Février 2018)

Le **scénario** se passe dans une **pizzeria** sise sur une **piazza** de la **Riviera**, au plancher de **carrare** et aux murs décorés de **graffitis**, des **bravos** et des **bravissimos** de clients, ainsi que d'une **pietà** et d'une **Madonna** surmonté d'un **putto** peinte **a tempera** par un **macchiaioli**. Au menu, outre la **pizza** que le **pizzaiolo** prépare : **penne** au **burrata**, **farfalle carbonara** et **carpaccio**, **fusillis** au **mascarpone** et **brocoli**, **gnocchis** et **chipolata**, **macaroni** et **ciabattas** à la **ricotta**, **minestrone** et **pancettas**, **raviolis** au **pesto** et **risotto**; pour dessert : **pannacottas**, **panettones** et café **capuccino**.

La **radio** jouait la **coda** d'un **aria** de **bel canto a capella**, un **terzetto** interprété **mezza voce** avec **brio** par un **trio** formé d'une **soprano**, d'un **alto** et d'un **ténor** variant les **moderatos**, les **expressivos**, les **pianissimos** et les **ritardandos**. Suivit, en **intermezzo**, un **solo** de **piano** joué **cantabile** et aux **tempos** variés : **tenuto, sostenuto, forte, staccato**, puis **agitato, decrescendo, diminuendo**, et un **finale** en **lento amoroso**...

Dans les **loggias** se trouvaient un **condottiere**, arrivé par **vaporetto**, et son **carlin**, un ancien **arditi** avec son **trombone** et une **bimbo** en **pantalon** surveillant sa **Ferrari**; enfin, un Québécois, sirotant, en **catimini**, un **americano**, lisait Félix : sa trilogie **Allegro, Adagio, Andante**.

Dans la **pergola** à l'ambiance **sfumato**, un **duetto** formé de **Dom Paolo**, un **mafioso toscan** amateur de **casino** et **mercanti mercantile**, dit «le **Bambino**», et aussi de **Roméo**, fils de **duce** et **cicérone dilettante** et **imprésario** d'une **diva** au **vibrato** imitant un **pizzicato** buvaient, l'un, un **espresso amaretto** après avoir mangé un **osso buco**, l'autre, un **chianti** après avoir ingéré des **brushettas** au **sorgho** suivis d'une **pizza salami** extra **spaghetti al dente** gratinée au **mozzarella**, puis un **tiramisu** et glace **tutti frutti**. Le duo faisait des **concettis** du dernier **mercato** des **liberos** et des **paparazzis** pourchassant comme au **quattrocento** un évêque **papabile** se rendant – **incognito?** – à un **opéra** de **Verdi** en **sedia gestatoria**.

Une voix annonça le **numéro** du **loto** : que des **zéros**! Le **maestro** de la **mafia**, s'écria, «**fortissimo**» : «**Basta**, j'ai gagné!» Un **sirocco** – ou un **libeccio**? – envola le billet tel un **graffiti**. Un **tifosi**, un **capitan** au nez de **Pinocchio**, s'empara «**rubato**» du billet de la **tombola** et, **trémolo** dans la voix, cria **banco**! et lança un **lazzi** : «**Ciao**! À moi la **dolce vita** et le **farniente**!» puis partit «**accelerando**» en **vespa** vers son **studio**.

Devant ce **fiasco**, le **machiavel** de la **camorra**, lança, d'une voix de **falsetto**, une **jettatura** en **crescendo** «**lamento**» : «**Vivace** la **vendetta**! Qu'il attrape l'**influenza**, la **malaria**, ce **piccolo***! Qu'on lui enfonce un **bistouri**! Qu'il crève dans un **solfatare**! Tu me paieras des **agios**, «**bandito**»! Et **tutti quanti**!»

Ce **concerto** d'injures «**furioso**», n'y fit rien...

Quel **scénario** de **commedia dell'arte**! Quel **imbroglio**!

***Picolo** (avec un seul «c») est un clown, interprété par Paul Buissonneau, bien connu des Québécois de l'âge de l'auteur.

Note de l'auteur : si vous vous demandez comment il se fait que je sois au courant de cette «aventura», sachez que le Québécois lisant Félix Leclerc dont il est question dans le texte... eh bien, ce Québécois... c'est moi, l'auteur.

La volière en folie (Décembre 1990)

Chouette, les arbres sont en **corbeaux**! C'est **cygne** que le printemps **aile**-a, non? Je le «**croa**»et cela m'**émeu**...

Ce **faisan**, est-ce que je m'a-**buse**? Ces **volatiles** ne sont-ils pas plus **bruants** d'habitude? Pourquoi leurs **gros-becs** sont-ils silencieux? Pourquoi ont-ils l'**alouette mouette**? Je suis inquiet **pie** moins **serin**, tout à coup...

Pinson-nous, ce n'est peut-être qu'un **canard**, après tout; **mésanges** gardiens me donneraient-ils de **faucons**-seils? Non! **Toucan**-can que cela paraisse, je pense vraiment faire, avec ces **oiseaux-mouches**!

En ce jour **pluvier**, accostons notre **frégate** et observons-les de la **grive**, là où la **bécasse** abruptement. Certains, altiers comme **grands-ducs** de **Cormoran**, ou qu'on dirait coiffés d'une **oriole** tels des **roitelets**, s'élèvent **étourneau** dans le ciel; maintenant leur vol est horizontal **héron**. Un de ceux-là, un peu tête de **linotte**, qui semblait dire : «**Vautours** m'ennuient!», tombe pa-**tétras** à **pic-bois** de l'eau et, avant que son **corneille** froid, d'un **goéland**, remonte à la **fauvette** et **harfang** l'air à nouveau, avant de se **perdrix**-ci et là. Vraiment, il n'est pas **manchot** celui-là!

D'autres, perchés sur les **colombe**-ages, fatigués comme arrivés **dinde**, qui font le pied de **grue**, qui bayent aux **corneilles outardes** à s'envoler, se font surprendre par les **coucous moqueurs** des autres qui les **sarcelle**-nt et l'**échasse**-nt. À voir leur air **marabout**, ils souffrent d'être les **dindons** de la farce : «Ils **lori**-ent de nous! Cessez de faire les **fous** pendant **condor**», protestent-ils!

Depuis **milan**, – j'exagère bien sûr!, – je fais le pied de **grue** à cet endroit et **geai**, **moineau**-té tout cela, par pet-**hiboux**, dans mon **caille**-ier **flamant** neuf.

Mais ce n'est pas tout. **Pigeons** au hasard... Et les **coq**-uelicots qui éclosent? Et le gazon long **pivert** qui **poussin**? Et les **poule**-over **griffés** que chacun enlève? Et les pelles qu'on **serre**? Et les instruments **ara**-toires qu'on sort et **quiscale**-nt dans la boue? Et les abeilles qui **volètent** de l'une et l'**autruche**? Et qui voit-on sortir sa **plume** et sa **spatule** et qui **pinGouin**, le peintre, qui **pinson** tableau! Et **Martin-pêcheur** amateur qu'on aperçoit avec sa **cane duck**-casion? Que voilà un bon nombre **cardinal** de **faisan**! Est-**sterne** comme l'hiver cela? Est-ce l'hiver s'é-**tyran**? **Paon** toute!

Non! Tel un **butor** ou un **perroquet**, je le réaffirme : «Pour annoncer le printemps, l'**oiseau** fait l'**oie**!

•_•

L'aquarium en folie (Juillet 1991)

Est-il vrai que le **tortue**? C'est ce que nous **vairons** dans ce mél-**océan**-s, une histoire tout-à fait sau-**grenouille**!

Il é-**têtard** ce jour-là; Anna, une petite **roussette**, **palourde**, venait de «**chlore**» son année **scalaire** avec la plus haute distinction de l'école : l'**étoile de mer** Supérieure, **merLan**-gelier. Cela, malgré tous les **barbeaux** et les **raies** qui maculaient sa dictée, un texte de **Narval**. C'est hil-**hareng**, elle qu'on disait si ins-**truite**!

Elle se rendait chez Bernard **esTurgeon**, dit **Bernard l'hermite**, un **algue**-onquin, ancien **plancton** de l'armée, né sous le signe du **Poisson**, avec qui elle «**frayait**» depuis peu; il l'appelait sa **reinette**. Ce **barbue**, ex-**maquereau**, faisait aussi le com-merce illicite de tableaux : «J'aime **lézard**. J'aime aller là ou **couleuvre** et le chef-d'œuvre. Les musées sont si riches **anchois**!». Il fut jadis **arête**-é et jugé. On passa son alibi au **peigne** fin; faute de **pieuvres**, on ne put le mettre à l'**ombre** et on dut passer l'**éponge**. Libéré, ayant vendu sa Chevrolet **Crevette turbot** devenue **tacaud**, il embarqua sur un **escargot** et s'enfuit dare-dare. Penché sur la **coque** du bateau, il eut un malaise dû au tangage : «**Mammifère marin**», dit-il au capitaine.

Depuis, il vit retiré dans une cabane de **perches** en dé-**labre** qui **plie** dangereusement et dont seuls quelque **goujons** tiennent encore. Rien de **beaudroie** et solide, n'**espadon**? Ah! S'il eût eu un **poisson-scie** et un **poisson-marteau** sous la main!

«Ce que j'ai fait est exé-**crabe**», se **rémora**-t-il tout-à-coup; pour se châtier, il se planta des **anguilles** dans la peau. Il prit ensuite une **branchie** de **sole** et s'en frappa les **épaulards** de **huître** coups qu'il compta rageusement ainsi : «Quin! Quin! Et **requin**!» Il se flagella jusqu'à ce qu'il **écrevisse** que, sur son **dauphin**, le **sangsue**-ait, **rouget**.

PirAnha survint à ce moment-là! «Quelle bizarre **gymnote** il fait; pourquoi il se **baleine**?» s'ex-**clam**-a-t-elle **lamproie** à une vive inquiétude. Oui, que voilà une question re-**flétan** sa surprise!

Lui, n'était plus qu'une **loche** humaine; **épuisette**, il s'écroula. Comme il avait sorti son **couteau**, un peu plus il s'em-**brochet**! Anna courait de toutes ses forces; dans sa hâte, elle se mordit la **langouste** Anna! Vite! Ses pensées se **torpille**-aient. Le **thon** de son cri fut a-**mer** : «Trouverais-je un **homard**?» Elle parvint jusqu'à lui : ce qu'il était **brême**! Elle lui prit les méta-**carpes**, lui vérifia le **poulpe**. Il rua. Est-ce qu'un **morue**?

Bernard la **grondin** et la **saumon**-na : «**Hippocampe** d'ici! **Phoque**! Dois-je te le dire en **morse**? Anna, a-**mer** -e, se changea en statue de **sel**, comme la femme de **Lotte**, dans la Bible. «Je suis né dans ce **moule**, ma **mye**! Je ne mérite pas tes **marsouins**», lui cria-t-il en se **lamantin**. «Le son **dugong** a sonné pour moi. J'entends les **buccins** célestes! J'**hareng** l'âme, **Saint-Pierre**, me voici!»

Et il rendit l'**hameçon** Dieu! Là, je crois bien que **cétacé**...

•_•

Le jardin botanique en folie (Décembre 1991)

Gui Jasmin a peur; il **tremble** comme une **feuille**; il se fait du **mouron**; il a la **citrouille** car ses **chiendents** claquent. Quelle **bette** il fait! Son **thym** est blanc! On au-**radis**, à voir l'**iris bleuet** de ses **groseilles** : «Il a un **pépin**, c'est certain!»

Séquoia? C'est qu'il se marie aujourd'hui avec **Marguerite Cormier** en la **basilic** de **Céleri** (près de Québec).

Il connaît pourtant le **tabac**! Amateur de **spores** extrêmes, il a jadis **pêcher** l'**estragon** dans une **rizière** d'un pays **érable** du golfe **Persil**-que; il était alors **pamplemousse**, ou **romarin**, je ne sais plus trop. Et il se serait **noyer** dans la **roseau** s'il n'avait trouvé un **abricotier**! Une autre fois, il s'est tiré sans **amande**, et ce ne fut pas **coton**, d'une histoire d'empreintes **digitales** contre un **avocat marron**! Il a aussi affronté la pulpeuse **mandarine Lichen-Chou-l'Ail** de **chiCorée**, la grosse **légume** du **pavot**. Une vie pleine **dahlias**, quoi!

Tout cela a laissé des **stigmates** et, de plus, **sapin** bien sa forte **pensée** qui perd rarement les **pétales**. Mais tantôt, la **chêne** au cou. Jamais il **navet cru** qu'un jour il serait **cuit**! Une telle décision, il faut que vous la **mûrier**, et un tel jour, que vous le **dattier**!

Tout à coup, relevant le **tronc**, il se dit : «OK, je me **branche** et je me jette dans la **gueule-de-loup** car j'aime trop cette **figue**!»

Alors sa **radicule** peur tomba... Il **riz**! Il se fit la **rhubarbe**, s'**asperge**-a le visage d'une lotion, attacha les **boutons d'or** de sa **vesse-de-loup**, l'orna d'un **œillet**, frotta les **senelles** de ses souliers, se mit un **melon** sur la tête aux cheveux **lys** et sortit.

Il prit la **Lotus**, ce **chardon** il disait : «C'est un **citron**, c'est **sûr**! Mais je veux **lavande**.» **Pressé**, il pesa sur le **champignon**; puis rendu, il fallut qu'il **frêne**. Il était **gland** temps car, déjà, l'église était en-**concombre**-é! Il y avait là, arrivé le **pommier**, son **tilleul Serge**, sa sœur, Sœur **Clémentine** entrée chez les **Capucines**, é**Pinard** le **grenadier**, assis **saule** sans son **coing**.

Sésame-is **Olivier Poirier** et **Rose L'épine**, avec qui il avait **renouée**, y étaient aussi. Même son **glaïeul** des vieux pays, son **papyrus** était présent!

On entendit le **son** de l'**orge** : les gens **sagittaire**-nt sur leur **bambou**. Le prêtre leva l'**ortie**, puis le **calice**; les fidèles firent de pieuses **courgettes**. Tout ce **peuplier étêté**-mouvant!

Le **petit-prêcheur** fit un sermon qui eut le **Chrysanthème**. Ensuite le célébrant demanda à **Gui**, étranglé par son **colchique** : «De **Marguerite**, le mari, veux-tu **hêtre**? Décidé, **laitue**?» Ex-**cyprès**, il hésita... «Fallait-il que je **menthe** ou que je d'**ivraie**?», songeait le fiancé.

«**Ail**!, pensa **Marguerite**, **impatiente**, ce **moutarde** à répondre; serait-ce qu'il **maïs**?» Les **pommettes** rouges, elle avait chaud, **artichaut**, même! Elle était au bord de la crise d'**hépatite**. Son état était quasi-**tomate**-eux! On sentit un grand **mélèze** dans l'assem-**blé**-e...

«**Houx**-i!», dit-il enfin! À la même question, la **belladone**-a la même réponse. Le célébrant continua : «De ce que Dieu **orange**, **forêt** pas que l'**orme cerise**!» Ces **sarments** les **lierres** en un **aloès** jacta est **immortelle**.

Près de là, dans une **salsifis** la noce. Le marié s'écria : «Allez, on **bois** et on **mangue**! On leva les **coudres** et chacun mangea son **pin**, sa soupe aux **quenouilles** et ses **ciboulettes** de viande servis dans des **platanes**. Puis des **têtes-de-violon** jouèrent; on s'a-**mimosa** beaucoup!

Tout à l'heure, à l'**aubergine** qu'un **fougère**, le mariage sera consommé sur les **lilas**; **Marguerite** un peu **genêt** de s'**effeuiller** devant **Gui** et ce dernier, un peu craint-**if** de faire **patate** avec sa **verge d'or**!

Le zoo en folie (Inédit - Avril 2018)
Avertissement : ce texte est destiné aux lecteurs de 13 ans et plus.

Aï! C'est **caïman fourmi**dable, d'habitude **paresseux** et là, dès potron-**minet** sur le **python**; oui, ce **mâtin**, **mulot** pattes, Br-**unau Goupil**, **terre-neuve**-ien au regard **persan**, **lérot** de cette **fable**, **cygne** du **bélier** qui, d'un seul **élan**, se **cerf** un café-**laie** – de **mammouth**-ure, **panse**-t-il –, **daim**s un **ver** qu'il **boa**, **peigne** ses **chevaux fauve**s, se **mouche** et, avec son **blaireau** - attention sa **lama** coupe! - se rase **rat**, fume une **once** de pot, sort de son **chenille**, de son **terrier**, saute dans la **Jaguar** qu'il **loup** (avant, c'était d'autres ba-**zoos** : une **Coccinelle**, une **Poney**, une **Mustang**), et dans laquelle son a-**myGale** aime se **tapir** et écouter du Joe **Cocker** ou du **Mandrill** quand **aspic**.

Hé-**berger** par cet ami **saint-bernard**, Gale a **puma**-ter **lynx**-tinct **primate**. Ah! Qu'il **araignée** longtemps sur elle! C'est toute une **vipère**-due! Ce n'est pas une vie de **orang-outang** de **goret**-vent à ta **chatte** : des **beaudet**-pravés **faisan** la **queue** pour la **demoiselle** pour devenir des **bovidés**! **Ocelot** de gars à la **bisonne** é-**reptile**! Mon convain-**kangourou** m'a donné une bague à **chaton** pouvant va-**loir** mille **souris**-cains. Depuis, il ne m'a jamais **trompe**-é!»

«**Lama puce**, ton **cochonnet hippopotame**-née... **Jument vache**-z lui. **Âne** pleure pas! Qu'est-ce que **tamanoir**? Clignant de ses **fossiles**, un ma-**scarabée**-sef, elle fit la pou-**pécari** – **méhari** jaune : «**Mammifère**, mais **chameau**-dit, c'est dur en **ouistiti**; j'en ai des **gargouille**-is dans les **tripes** et dans la **panse**.» «As-ciGale! Peu m'importe **veaux mille-pattes**-tati et patata, **carnivore**-proches ni vos larmes de **crocodile** n'y changeront rien. **Matou** tenter **pourceau**-ver votre honneur.» Bruno, jaloux comme un **tigre**, pas très **guépard** à la **chasse**. Gale? **Okapi**-gé!

Bruno dé-**laisse** son activité heb-**dromadaire** pour aller chez son ex-ami **Marcassin**-yacinthe, ce **bourdon** on ne sait rien même quand on **fouine** sur Face**bouc**, mais il **saie** que là se trouve son «**bug**» : une vidé-**auge**-énante, dont il veut obtenir l'**orignal**, dans laquelle Marc pour**chasse** Gale **pourceau**-te-**mouton** sexuel sur le **grizzli**-t. Dés-**abeille**-ée sur le **lion** le voit **scorpion** l'entend, **castor** de façon in**termite**-ente et **féline** en **miaulant**, puis les deux **génisse**-nt... Lui, la **serpent**-dant qu'elle est, mon bé-**bélier,** oui, avec une **sanglier**! Elle est son **cobaye**; il la s-**équestre**! Il la dé-**puceron**-dement... **Ânon**, l'**animalerie**! Il ne manque pas d'ox-**zygène**! Le cœur me **faon**! C'est comme un **libellule**-time. Tout ça sur l'air de Yaketi **yack**, rouspète pas au fi-**frelon**-giforme! Ah! **Loutre** déborde!

Il conduit en **ruminant** : «Ah! Qu'il me **mante**! **Allemand**-songe! Tu **putois**! Il **verrat** bien ce **cochon**! Ce **porcelet**! Oui, **lait**, car il a un **bec**-de-**lièvre**! Comment sont **mulet** les **bêtes** de sexe? Reconnaissez **veaux taureau** moins! Moi, qui le **trait**-ais comme un **monarque** ce **zèbre**, comme mon **siamois**, moi, son é-**mule** qui le **singe**! Ce **gorille** de moi! L'a-**mite**-ié? Finie! **Tatou** faux! **Teckel** genre d'ami? Appelle ça ac-**crotale**-oche : il est meur-**triton** ami. **Chiot**, ça te retombera sur le **museau**! Bon **hyène**, cet **termite** aime la **porc**-no, l'**insecte éléphant**-asmes. La baise : sa **musaraigne** sur lui.»

Co-**coati**-pique, êt-**renard**-cissique, **fourmilier** du monde **antilope**, pourtant ex-**louveteau** qui a-**gibbon**, puis, mal **élevé**, qui est devenu ri-**pou**, ex-joueur de **criquet**, Marc aime faire du **mâle** à au-**truie**; il n'est plus **cheval**-eresque ni parmi les **jambons**. C'est lui qui a rendu **caméLéon**. Lui encore : «De ce **papillon** le **marinGouin**... Il a été **membre** de la ligue des

Sphinx, troupeau de «**laveurs**» portant **cagouille** et qui faisaient la **palette** en **dépouille**-ant d'innocentes **proies** : «**Opossum**-là! On lui ten-**dinosaures** et nos argents.» L'a-**jamBonneau** dit : l'**alligator**.

Le temps est l'**ours** que **rongeur** et minutes... «**Grillons** les feux rouges... Les l-**oiseaux**-poubelles!» Puis, de façon **vivipare**, comme une **roquet**-te, comme une **bombyx**! Il dut jouer de la **trompe** : «**Gecko**-sé aucun acci-**dent** et là : **Jars**-rive!»

S-**taupe**! **Jarret**-e... Il appuya sur la **corne** d'entrée... Pas un **chat**? Ce mal-**impala**? «Où **steak haché** mon Le**bœuf**? Je donne ma **langora** et au **chat**? Oh! **Guenon**! Il **louve** la porte, s'enfarge sur l'es-**cabot**, se re-**lévrier** mal, sa fri-**moustique**...

Ac-**croc**-hée, **lapin**-ture de **Braque** dont j'aime beau-**couleuvre** et, sur le bureau, une plante... c'est **salamandre**-agore! Et aussi de l-**agneau**-le : une bière, de **laBrador** et, pour m'apai-**zébu** une coupe de **bovin** mais **agouti**-nette un peu.

«Je me **dresse** devant ce **chien**, je le frappe sur le **museau** de sa **iule**. Ou je l'amène à la juge, **anaconda**-mné plus d'un **coyote**! À **lombric** et nunc. Ou je l'**abats** à l'ar-**belette**. **Visons** bien et ne le **ratons** pas! Je vais en faire un **hase**-been. **Tarentule**-a perds! Ton ma-**chimpanzé** de beaucoup! Le voici rendu **mouton** pré-**puceron**! Ton **chacal**-e et meurt! Tu de-**viande**-ras am-**nasique**! Il sera a-**varan molosse**-tie. Et fini les coups **panda**-bles!

Ci-**girafe**-ilou... Ti-**pitbull**-dozer à la célè-**brebis**-oune... une **espèce** de **Pitou**-la-botte, quoi! Vie de ser-**panthère**-minée! Mar-**koala** morgue. In nomine **rhésus**!»

Ici, l'histoire s'a-**chèvre**, se t-**hermine**... **Tsé-tsé** veux dire!

Chapeau! (Avril 2017)
Épitaphe

Allô! Ci-gît sous les cônes, l'âme de Jérôme Côté, honnête mâle, grêle, et puîné
Mû, dès le baptême, comme si piqûre de guêpe, de brûlot ou d'alêne affûtée
Mâtin, à l'affût, prêt à sa tâche, la pêche et à sa quête, qui est nôtre, qui est vôtre :
Naître, croître, câliner, folâtrer, mais aussi, râteler, bêcher, bûcher, tâcher, bâtir
Sans hâte : pâtir, râler, tempêter, s'entêter, ne pas lâcher, se dépêtrer, mûrir
N'être pas gêné, empêtré dans ses guêtres râpées, abêti ou lâche, mais être à l'affût
Et, à tâtons mais opiniâtre, se hâter vers les pôles, la crête, le dôme, le faîte, la voûte!
Môme folâtre, tifs châtains, il a rêvé sans trêve, rônin sans bâillon, sans chaînes
Et rêvassé sans arrêt, sans arêtes, sans rênes, sans cloître ni geôle, mais sans eurêka

Il a côtoyé le bêta, l'empâté, le bellâtre, le revêche, le bélître, le tôlard, la pimbêche
Le benêt, le traînard, le hâbleur, le fâcheux, le fêlé, le reître, l'âne bâté, la marâtre
Sans renâcler, il a tâté l'extrême mal-être du bât en frêne de l'ânier sur le crâne
Et, de surcroît, du bâton de genêt olivâtre ou de chêne brunâtre août sur les côtes
Un maître et son contremaître l'ont châtié, lui brûlant la tête dans l'âtre du poêle
C'est qu'il crût, tout bêtement, soûlon : trop de gnôle de mûres en fût, il paraît!
Qu'il eût dû maîtriser le suête, le noroît et le suroît, c'est sûreté même et son rôle!
Bêtise bébête et coûteuse qui le dessoûla; mais l'enquêteur lui fit un tête-à-tête
Abîmé, recrû, il bâilla, puis fut enchaîné au mât d'un bâtiment, un trois-mâts

Bien sûr, qu'on eût voulu qu'il payât son impôt sitôt dû, plus intérêt, et sa dîme
Mais nul ne vit clôtures ou châssis de fenêtres sans apprêt, ni pênes à sa bâtisse
Dans ses aîtres, il a dîné goulûment d'huîtres fraîches et de châtaignes ragoûtantes
Assidûment, il fut l'hôte, l'icône du rôdeur, du frêle et du «quêteux» dans la gêne
Leur offrant, gaîment, l'aumône du gîte et du châlit, du vêtement, du châle et de la pâtée
L'être bohême mais têtu, le pêcheur fûté qu'il dût être, âpre à sa croûte, onc chômeur
Chaînette d'or de Gênes au cou, tantôt vêtu tel un pâlot pâtre benoît faisant paître ses bêtes
Jérôme Côté prêchait le jeûne, le carême, fêtait Pâques, Pentecôte et même Têt!
Il trônait sur ses conquêtes... puis le guêpier, l'embûche, le râle suprême à l'hôpital!
Qu'on voulût qu'il chutât et tombât tête-bêche à côté de la bâche, c'est sûr, câline!
Lui, bleuâtre, il mâcha et remâcha, crâneur : «Ô Dieu! Je suis nûment embêté!»

(SUITE...)

Malgré le dégât, le gâchis, pas de protêt ni de requête sur l'aîné qu'il eût pu être!
Secret d'alcôve : qu'il fût entraîné dans l'abîme à sa fête en août, indûment, avant l'âge
Qu'il s'en fût sans blâme, ce drôle de maître d'hôtel, qui le méconnaît?, idem qu'il méritât
Congrûment, le chrême jaunâtre, saumâtre et douceâtre versé continûment sur lui
Le prône, un peu bâtard, ne fut qu'un bêtisier prêchi-prêcha, rabâcheur, sans goût
Bâclé, malhonnête, emmêlé, sur la disgrâce des traînées, des dégoûtants et des infâmes
Mais l'évêque est bon apôtre : Ce qu'il eût voulu : qu'il lui obtînt des grâces extrêmes!

Tôt ce jour, on clôt Jérôme Côté dans une châsse de plâtre et de tôle rougeâtre
Où, côte à côte, pêle-mêle, des fantômes, pâles, blêmes, blanchâtres, au hâle d'albâtre
Les mânes hâves de ses ancêtres mulâtres, flânant, rôdant, envoûtant, l'entraîneront
Sûrement, vers une île champêtre, une forêt de hêtres, un théâtre nô, un château?
L'épître du prêtre éclôt : «Qu'il eût aimé qu'on lui donnât tantôt ce qui lui plaît, son dû
Quoi qu'il en coûtât : la gaîté fraîche, envoûtante, entraînante de la flûte du nirvâna!
Et, s'il vous plaît, que le suppôt abêti, l'idolâtre, le croûton acariâtre ne le lui ôtât pas
Ou, crûment, qu'on le blâmât; son châtiment? Plût au ciel qu'on lui perçât le côlon
Qu'on le bâillonnât, le châtrât, l'étripât, le dépeçât, l'étêtât, le cloîtrât, le mît en tôle
Qu'on le liât, l'attachât, l'enchaînât, le battît, qu'on lui donnât à goûter une pâtée,
Ou qu'on le chassât, l'envoyât, ce bâtard, ce traître, rôtir sur les brûleurs de l'enfer!»

L'accent circonflexe

Le texte qui précède contient les graphies traditionnelles de mots français comportant un accent circonflexe. Plusieurs de ces mots ont fait l'objet, en 1990, d'une rectification de l'Académie française : ils ont perdu leur accent circonflexe, accent qui devient, de ce fait, une espèce en voie de disparition. À l'instar de l'Académie française, l'Office québécois de la langue française estime cependant que ni les graphies traditionnelles, ni les nouvelles graphies proposées ne doivent être considérées comme fautives.

Chez les Grecs (Avril 2017)

Comme l'onomatopée des rieurs français est «hi! hi!»
Celle des rieurs grecs serait-elle «hi-grec! hi-grec!»?

Historia ex-tréma (Février 2017)

Voici l'**introït** de l'histoire **inouïe** d'une star **héroï-comique** : **Loïc** est un **caïd zaïrois** de la **cocaïne** et de l'**héroïne** et un être **égoïste**, **prosaïque**, **schizoïde** et **kafkaïen** comme son **aïeul**, son **bisaïeul** et son **trisaïeul**. Bref, comme tous ses **aïeux**, il est porteur des **spermatozoïdes** de **Caïn**. Dans mon **laïus** sans **ïambes**, c'est sans **ambiguïté** que j'**argüe** qu'il est le vilain **haï** !

Dans son métier, il rencontre sans **coïncidence**, une **mosaïque bizarroïde** de **cocaïnomanes**, **héroïnomanes**, et autres **aïs** à peine **humanoïdes**. Il y a un **hautboïste dadaïste** jouant du **Saint-Saëns**; un joueur de **balalaïka maoïste groënlandais** contemporain de la **perestroïka**; un **stoïcien thaï** de type **mongoloïde** adepte du **dalaï-lama**; un **kafkaïen** de la **taïga** artisan en **faïence discoïde**; un **Caraïbéen quasi-androïde** bourré de **stéroïdes** qui fait pousser des **bonsaïs**; un **goï judaïque** d'**Israël** fabricant de **moïses** sur le **Sinaï**; un **laïc païen haïssant Noël**; deux **länder** disciples d'**Emmaüs** et fans de **Möbius**; un **taïkonaute taoïste** de **Shangaï** buvant des **daïquiris**; un **samouraï** de **Hanoï** s'autoflagellant au **nagaïka**; un **Hawaïen** peignant des **camaïeux** et friand d'**anchoïade** et d'**aïoli**; et, enfin, un **Haïtien naïf** parlant l'**archaïque** langue d'**oïl**, lecteur de **De Staël** et amateur de **rösti** et de **glaïeuls** !

Dans des pièces **contigües** et **exigües**, quand ils consomment leur **alcaloïde** du **cocaïer**, aux effets pervers sur leurs **arachnoïdes** et leurs glandes **thyroïdiennes**, ces **anthropoïdes paranoïaques** ont des visions de **caïmans** ou de **barzoïs** qui rongent leurs os comme épis de **maïs**; d'**astéroïdes** ou de quelque autre **sphéroïde** ou **ovoïde** leur tombant sur le **mastoïde** en une trajectoire **hélicoïdale**, **sinusoïdale**, **spiroïdale**, ou **ellipsoïdale**; d'**égoïnes** leur sciant les **deltoïdes;** de **baïonnettes** ou d'autres objets **métalloïdes** à pointe **aigüe** les transperçant; de fièvres **typhoïdes** les emportant; de rayons **röntgen** leur faisant des **rougeüres**; ou d'amanite **phalloïde** qu'ils mangent ou de **ciguë** qu'ils boivent! Quel **capharnaüm**! Quel **maelström**!

Les plus chanceux, à bord de leur **canoë**, ou de leur **caïque**, **ouïront** le chant d'une **troïka** de **Naïades**. Pas de **gageüres** car au **taïaut** pourrait succéder un **coït** interrompu...

Des **ouï-dire** sur cette **pagaïe haïssable** parvinrent aux **ouïes** des **tabloïds** : **Loïc** fut **coïnculpé** – les autres? Ce sont deux inaccessibles **raïs** du **Bahreïn** et du **Koweït**. Coupable selon la loi de **Moïse**, on le mena à **l'archaïque** prison des îles **Caïmans** où son **héroïsme** et son **stoïcisme** furent éprouvés.

Un jour, celui de l'**Aïd el-Fitr**, une lame de forme **trapézoïdale** lui brisa l'os **hyoïde** : **Loïc** s'**amuït** pour toujours...

•_•

La langue de chez nous (Chanson - Extrait)
Yves Duteuil

C'est une langue belle avec des mots superbes
Qui porte son histoire à travers ses accents
Où l'on sent la musique et le parfum des herbes
Le fromage de chèvre et le pain de froment

Lectures indigestes

Avant-propos. Au moment d'écrire ces lignes, je me sens sous l'influence néfaste d'un charme, dans le sens d'ensorcellement, dont je ne connais ni la cause ni la provenance et auquel je suis incapable de me soustraire. J'en appelle donc à votre indulgence et à votre clémence pour la suite, chers lecteurs, chères lectrices!

•_•

Où est le hic? (Avril 1991)

Nick le **sikh**, dit la **Chique** – son **tic**? – Il **mastique** son **mastic** en écoutant de la **pop music**. **Nick**, au **physique unique** grâce à l'**aérobic**, et à l'**éthique élastique**, **diabolique**, **sadique**, **lubrique** et **inique**, – c'est **public** qu'il **trafique**, qu'il est **indic**, qu'il a un **alambic** et qu'il tue à l'**arsenic** et au **plastic** – **Nick**, donc, **pique** le **fric** d'**Éric**.

Un **pique-nique** pour **Nick** et sa **clique**?

Non, car **Dick**, alias **Copernic**, le **chic flic** d'**Amérique**, pour une **brique** ou deux, **rapplique**, s'**implique** et trouve le **hic** («Trouve le **fric**, surtout!», **indique Éric** dans sa **supplique**.)

Tactique et **pratique**, l'**héroïque Dick oblique** vers la **crique** où **Nick astique** son **brick antique**; c'est sa **basilique**. Ici, mon **pronostic logique** est **classique** : l'**historique** se **complique** et je m'**explique**.

«**Quick!**» pensa **Dick** en faisant la **nique** à **Nick**; en un **déclic**, **clic**! **Dick** plante son **pic** – un **Bic métallique** – **couic**! dans l'**ombilic** de **Nick** qui, pris de **panique tragique** et de **coliques**, – c'est le **diagnostic** – **pique à pic** dans les

colchiques, en écrasant un **lombric** et un **porc-épic** avec une **mimique tragi-comique**.

Hystérique mais **stratégique**, voyant **Nick anémique**, la **mosaïque** de **loustics** de la **clique abdique** et, avec le **brick**, **pique** vers l'**Afrique**. **Bernique!**

«**Chic!**» réplique **Éric**, «le **flic** a mon **fric!!**»

•_•

Une arnaque démoniaque (Avril 1991)

Revenu d'**Irak** en **bac**, à son **bivouac** un peu **bric-à brac**, un **cognac aphrodisiaque** en main, **Jack** le **cosaque vaque**, couché dans son **hamac**, un **snack** dans son **havresac**. **Insomniaque**, chaque **tic-tac** le rend **maniaque**. Le **trac** le **détraque**...

«**Black Jack!** Sors de ta **baraque, macaque!**», ordonne **Mack** le **Micmac**, qui **traque Jack** dans son **cul-de-sac** depuis le **lac**.

«**D'ac!**» répond **Jack** qui, fou **braque**, plaque **Mack**. L'**iliaque craque** : quel coup de **Jarnac**! L'**attaque estomaque Mack** mais, du **tac au tac**, tel un **ressac**, il **contre-attaque** et **matraque Jack** de **claques**.

En **vrac** : le **sac** fait **crac**! Le **big mac** fait **flac** dans la **flaque** d'**ammoniac**, un **cloaque**... «**Barnak!**» hurle **Jack**; **cardiaque**, il **claque!**

Dans son **kayak** enduit de **laque opaque**, en route vers sa **baraque**, son **shack** de **Tadoussac**, **Jack raque** et lâche un **couac** : «Mon **big mac, simoniaque!**» «Au moins **tabernak**», se dit-il, «il me reste les **pétaques!**»

Le troc du froc (Avril 1991)

Dans une **bicoque équivoque** du **Maroc**, peinture en **cloques**, appelée «*Aux estocs qui s'entrechoquent*», le **stock** de **manioc** est servi dans des **brocs** en **toc** par un ex-**maître-coq** du capitaine **Haddock** et on y écoute du **rock**, mais pas de **baroque** ni du **Bartók**.

Ayant bu des **bocks** de **Baby Duck**, le **poids coq Rock**, **évoque** l'**époque** où son **froc** n'était pas une **loque**. D'un **bloc**, de jeunes **coqs**, des **amerloques**, l'**interloquent** et se **moquent** de lui **ad hoc** en **langue d'oc** : «Tu **débloques**, vieux **schnock**, ton **froc**, c'est une **défroque** de l'**époque** d'**Hénoch**!

Oui, ça **suffoque** et **choque Rock** comme un **électrochoc**, mais tel un **roc**, grâce à **saint Roch** qu'il **invoque**, il **croque** son œuf à la **coque**, sort, se rend aux **docks** à quelques **blocs** où un **foc** est à réparer. Là, des **chinetoques** l'**escroquent** et **toc**!, **troquent** son **froc** pour quelques **poques** sur la **toque** de **Rock**.

«Eh!», murmure **Rock**, «c'est **loufoque** : on se **moque** de mon **froc**, mais, «**phoque**», il est encore bon pour le **troc**!»

•_•

Ça me revient tout à coup! Les brumes de mon engourdissement se dissipant, je comprends enfin d'où vient tout ce charabia...

Il était huit heures ce matin-là; j'étais seul pour déjeuner. Ayant veillé assez tard, je n'étais pas en super forme. Tel un automate, je pris au hasard, dans le garde-manger, une boîte de céréales et je m'en versai un bol. Je déposai ensuite la boîte sur la table devant moi et, n'ayant rien d'autre à faire, je parcourus, distraitement, yeux mi-clos, les inscriptions de la susdite boîte et là, par malheur, pendant que je lisais, je tombai dans une torpeur débilitante et crétinisante qui me poussa, malgré moi, tel un automate, à rédiger les trois textes que vous venez de lire. Les coupables, je les connais : ce sont les trois petits lutins de ma boîte de céréales qui avaient littéralement subjugué mon esprit et ma volonté...

De grâce, parents, ne laissez pas entre les mains innocentes de vos jeunes enfants, des boites de céréales Rice Krispies, les céréales qui font **cric**, **crac** et **croc** quand on y ajoute du lait. Sinon, voyez à quelle dégradation mentale ils s'exposent!

Ah! Ces lectures indigestes...

•_•

Moi, j'mange (Chanson - Extrait)
Angèle Arseneau

Y en a qui font des enfants, moi je mange
Y en a qui placotent tout l'temps, moi je mange
Y en a qui font de l'artisanat, moi je mange
J'ai pas l'temps de m'occuper d'ça, moi je mange

J'ouvre ma radio
Pis j'me fais un bon snack
J'écoute Ginette Reno
Pis j'mange du «*Cracker Jack*»

Déçu de ça? (Mars 2017)

François Mélançon, **maçon provençal franc-maçon**, ex-**forçat**, se **berçant** dans sa **balançoire**, **reçut** une **agaçante leçon** de **français conçue** par un **commerçant** en **suçons niçois**. **Désarçonné** par le **sans-façon menaçant** de ce **garçon** au nom **imprononçable**, **grinçant** des dents, **grimaçant**, **renonçant** au **rapiéçage** d'un linge troué d'un **perçage** par **poinçon**, il **fronça** les sourcils et relut le **reçu**.

Commençant par un un **amorçage** par **hameçon**, il était un «entre-**laçage** de mots de **façade** et d'idées **reçues traçant** un **aperçu** du **moins-perçu** dû, et le qualifiant, lui, de **finançable couci-couça**. Mais l'œil **perçant**, il y vit **ça et là** des **effaçures retraçables** de mots **préconçus**, **glaçants**, **façon caleçonnade** : **soupçon**, **forçage**, **rançon**, **écorçage**, **dépeçage** à l'estramaçon, **tronçonnage**; «J'en ai des **glaçons** dans mon **caleçon**!», se dit François, déçu. «Ce **commerçant** est un **limaçon**, un **charançon** avec **suçoir**. Çuila croit que je suis un **enfançon** aisé à **rançonner**; je ne suis pas un **enfançon influençable** oh non, car je suis **caparaçonné**! Je ne sens même pas le **pinçon** laissé par sa **pinçure**, ni son **enfonçage** de **traçoir**! Voilà, c'est en boulette, que je le **façonne** ce **reçu**!»

S'extirpant de sa **balançoire berçante**, **traçant** son trajet, il prit un **tronçon** de route, se **déplaça** jusqu'à la **garçonnière** du **commerçant** et, passant **inaperçu**, monta l'escalier en **colimaçon**, **avança** vers la porte et **lança** des cris **perçants**, **menaça**, **dénonçant deçà delà** combien le **reçu** le **courrouça** quand il le **reçut**! Malgré ses **gerçures**, il **défonça** l'huis sous les coups qu'il **cadençait**. Une **remplaçante**, **Françoise**, ouvrit et **tança** l'intrus. **François s'annonça**. S'**enfonçant** dans une **enfonçure** de la **maçonnerie** de la **façade** soutenue par des **étançons**, elle **énonça** : «Le **commerçant** est à des **fiançailles**. Mais il n'est pas **irremplaçable**. Je suis experte en **désamorçage**. Montrez-moi ce **reçu**...» Riant, elle le **balança** dans la **rinçure**. Puis elle **prononça** : «Vous êtes **chançard**, j'ai **perçu** une **malfaçon façonnée** par un **façonneur** jaloux. Le solde est un **trop-perçu**! Entrez!» **Acquiesçant**, il l'**enlaça**, en **exerçant** une douce «**enlaçure**» et en **s'efforçant** au calme. Elle lui offrit un **curaçao**, un flan avec **glaçage**, puis elle le **quittança**.

François se voyait déjà **manigançant** et **relançant Françoise** d'un bouquet de **séneçons** dans un pot avec **glaçure**...

Ça, avec un **tierçon** de **jurançon**, ce serait moins **forçant**!

•_•

Encore des mots (Chanson - Extrait)
Plume Latraverse

Encore des mots
Faudrait ben finir
C'te p'tite chanson qui veut rien dire
Encore des mots
Qui s'pavanent sans vouloir se taire
En compliquant l'vocabulaire

Les potes Ti-Pat et Ti-Pit (Vers 1990)

Le cœur de **Ti-Pat**, **homéopathe**, **palpite** pour une **pute** qui l'**ampute** de ses **pépites**, sur une **carpette**, pour des **pipettes** qui l'**épatent**; près du feu qui **crépite**, il en perd son **toupet**!

Et cela **dépite** son **pote Ti-Pit**, alias **Pitpit**, joueur de **crapette**, jaloux **despote** à la **houppette**.

Dans le **cockpit** d'une **popote décrépite**, **Ti-Pit**, **pompette**, dit à **Ti-Pat** : «**Ti-Pat** mon **pote**, je **capote**! T'es vraiment **crack-pot**! Tu **tripotes** les **putes**, et on **papote** même que tu **disputes** à Brad **Pitt** son **spot** à **pot**!»

«Bas les **pattes Ti-Pit** mon **pote**, et pas de **tapettes**!», **rouspète Ti-Pat**, «T'es devenu **psychopathe**? Les **galipettes** que tu **supputes** et que tu m'**imputes**, ce sont des **pets**! Pourquoi tu **chipotes**? Fais ta **popote**, **empote** ta **compote** et canne ta **trempette** qui **clapote**. Je te le **répète**, **saperlipopette** : «Poudre d'**escampette** immédiate pour les **Carpates** à **perpète**, et pas d'**entourloupette**! Sinon, je **pète** ma coche et je te **tapote** l'**occiput** et le **sinciput**, ou je te **décapite**!»

Ti-Pit se **précipite** vers **Ti-Pat**, son **pote** et, d'un mouvement **centripète** de **serpette**, lui **ampute** le membre **lilliput**. «Échec et **pat**! Finie la **trompette**!», de conclure **Ti-Pit**, regardant son ex-**pote Ti-Pat** qui se **carapate** à toutes **pattes**!

Poémath (Inédit – Avril 2018)

Je vous parle du Nombre d'or
Un nombre né de la suite de Fibonaci (1-2-3-**5**-**8**-**13**-21-etc.)
Un nombre dont devrait s'inspirer les hommes car il crée, dit-on, de l'harmonie

En tous K (Avril 2018) (Inédit)

C'était soirée de **kabuki**, de **kathakali** et de **kammerspiel**, sorte de **kermesse kaléidoscopique** tenue dans un décor **kitsch** de papier **kraft**, sous un **kiosque** bâti sur un **klippe**, au toit de **kevlar** tenu par un **kiosquier kinois**, et situé dans un **karst**, où poussent des **kapokiers**, des chênes **kermès** et des **kentias**.

S'y trouvaient réunis :

Un **kurde**, descendant du **khan**, vêtu d'un **K-way kaki**, parlant **kirghiz** et **kazakh**, buvant un **kil** de **kummel**, assis sur son **kilim**;

Un **karaïte kabbaliste** ex-**kapo**, loin de son **kibboutz** protégé par un **krak**, vêtu d'un **kabig** (ou **kabic**) et portant **kippa**, aimant le **klezmer**, mangeur de **karité** et de **kumquat kasher**, respectant le **Kashrout** et le **Kippour**, et récitant du **Kaddish**;

Un **karatéka kamikaze**, portant **kimono** et **Kodak**, expert en **katas**, tatoué d'un **kana** et d'un **kanji**, adepte de **Kami** et de **Krishna**, fan de **kung-fu**, joueur de **koto**, amateur de **kyudo**, de **katakana**, de **kakemono** et de **karaoké**, observant le **kief** et éleveur de **kerrias** nains (ou **kerries**) et de **ketmies**;

Un **keum**, ancien **ket**, un peu **kéké**, devenu **keuf** (il a fait son **khâgne**), portant **képi** et **knickers**, adepte de **kayak**, de **keirin** et de **kicker**, friand de **kig ha fars** et de **kouign-amann**;

Un **khmer** portant le **kandjar**, friand de **kaoliang**, fumeur de **kif**, mâcheur de **kat**, portant un **kriss**, et chasseur de **karbaux** (ou **kérabaux**);

Un **kényan**, sorti de son **ksar**, adepte du **kémalisme** mais tenté par le **kimbanguisme**, parlant **khoin** (ou **khoisan**), **kabyle** et **kwa**, pauvre en **ka** car ayant déjà souffert d'une

kyrielle de **kystes**, de **kwashiorkor**, de **kala-azar**, de **kaliémie**, de **kératose** (ou de **kératite?**) et, aussi, de **kuru** (quel **karma kafkaïen!**), joueur de **kora**, mangeur de **kiwis**, chiqueur de **kola** et chasseur de **kobs**;

Un fils de **koulak** enterré dans un **kourgane** près du **Kremlin**, ex-**komsomol** dans un **kolkhoze**, amateur de **kacha**, de **koumys**, de **kummel**, de **kwas** (ou **kvas**), de **koulibiac**, portant un **kolinski** autour du **kiki** et tenant, dans une main, un **knout**, dans l'autre, plein de **kopecks**;

Un **Kentuckien kinésiste** et **kleptomane**, pesant cent **kilos**, ex-membre du **Ku Klux Klan**, portant le **kilt**, amateur de **Special K**, de **kitesurf** (ou **kite**), de **karting** (il a reçu son **kart** en **kit**), de **kick-boxing** et de **King Kong**, fan du **King**, et chasseur de **kinkajous**, de **kakawis** et de **kodiaks**. Mis **knock-down** puis **K-O** au **kick-boxing**, il entend, depuis, le **klaxon klaxonner** un **kyrie** de mille **kilowatts**;

Un **koweïtien kémaliste**, portant **keffieh**, venu en **ketch**, son **king-charles** en laisse, friand de **kébab**, ex-partisan du **kaiser**, lisant le **kufique**, membre d'un **konzern** opérant une mine de **kimberlite** et une usine de **khôl** (ou **kohol**), il est riche en **kiloeuros**, en **kreuzers**, en **kips** et en **kyats**;

•—•

On pensait **kiffer** (ou **kifer**, c'est **kif-kif**), mais un **korrigan** passa, il fit tout à coup 400° **Kelvin**, un **khamsin** se leva, il y eu un **kidnapping** à la pointe d'une **kalachnikov** et, le temps de dire **kappa-khi-ksi**, il se fit comme un **krach**, les **kops** se vidèrent, le **ketchup** coula... On sortit les **kleenex**... On dut appeler **Kojak!**

- FIN -

Une armée de «lettrés» «sans-papier»! (Mars 2017)

Au **PC** du **QG** de **LA** aux **USA**, une fois jugé **OK** l'**IMC**, l'**ABO** et l'**ADN**, la présence de **LSD**, du **TOC**, de **TMS**, puis le risque de **SRAS**, d'**AVC** et de **VIH**, on mesurera, en **PM**, le **QI** des **GI** à l'aide de **QCM** en format **PDF** de niveau **CEGEP** et **HEC** en **VF** et en **VO**. Pour cela, on leur donnera un **PC**, une adresse **URL** et une clé **USB**. Quatre **MM**, **VIP** en tenue **BCBG**, ont fourni leur **CV** à la **BP** indiquée en **PS**. Ils sont **P.-D.G.** ou membre du **CA** du **CN**, du **CP**, d'une **PME** ou d'une **ONG** au **CA** substantiel, ou **ORL** d'un **CLSC**, – mais aucun **SDF**. Ils s'y disent fanas du **CH**, de **JO**, de **BD**, de **SF**, de **CB**, de radio **FM**, de **TV** et/ou de **CD** et de **MP3**. C'est en **AM** qu'ils ont quitté leur chic **HLM**, sans **GPS** car ils ont pris le **RER** ou le **TGV**.

Ils apprendront, en **EAO** et en **TPE**, avec **FAQ** permise, le **B.A-BA** de leur **PM**, puis l'**ABC** du maniement de la **TNT**, du tir au **PIE**, au **P.M.**, au **F.M.**, à la **DCA** et même au **ICBM** et, aussi, à se protéger des **UV**, des **GES** et des **DDT**. Ils conduiront des **VTT** et des **ULM**.

NB : Envie d'aller **OPC** aux **W-C**? **SVP**, faites une **BA** : apportez votre **P.Q.***; l'armée ne le fournit pas car il coûte trop cher, **TPS** et **TVQ** incluses!

***NDLA** : le **P.Q.**, non pas le parti politique indépendantiste du Québec fondé par René Lévesque au début des années '70 non, plutôt, du **papier hygiénique**. Vous avez bien lu : du **Papier Q**! Il est souvent aussi intéressant qu'essentiel le dictionnaire; vérifiez!... **CQFD**!

NDLD : La rédaction trouvait ce «papier» trop «torché» car comportant trop d'incohérences; lorsque l'auteur, qui lui le trouvait «bonbon», est venu nous le proposer, il fut sorti **M&M**! C'est-à-dire : **manu militari**!

Poste de commande	Quartier général
Los Angeles	États-Unis d'Amérique
Okay	Indice de masse corporelle
Groupes sanguins	Acide désoxyribonucléique
Acide lysergique (drogue)	Trouble obsessionnel compulsif
Trouble musculo-squelettique	Syndrome respiratoire aigu sévère
Accident vasculaire cérébral	Virus immuno-déficient
Après-midi	Quotient intellectuel
Soldat américain	Questionnaire à choix multiples
Format de fichier informatique	
Collège d'enseignement général et professionnel	
Hautes études commerciales	Version française
Version originale	Ordinateur personnel
Adresse de localisation	Périphérique de stockage externe
Messieurs	Personnalité de marque
Bon chic, bon genre	Curriculum vitae
Boîte postale	Post-scriptum
Président directeur général	Conseil d'administration
Canadien National (trains)	Canadien Pacifique (trains)
Petite ou moyenne entreprise	Organisme non gouvernemental
Chiffre d'affaires	Oto-rhino-laryngologiste
Centre local de services communautaires	Sans domicile fixe
Club de hockey Canadien de Montréal	Jeux olympiques
Bande dessinée	Science-fiction
Citizen band (radio à ondes courtes)	Modulation de fréquence radio
Télévision	Disque compact
Fichiers informatisés musique (Internet)	Avant-midi
Habitation à loyer modique	Système de positionnement géographique
Réseau express régional	Train à grande vitesse
Enseignement assisté par ordinateur	Travaux personnels encadrés
Foire aux questions	Notions élémentaires
Préparation militaire	Base d'un art, d'une technique
Trinitrotoluène (explosif)	Pistolet à impulsions électriques (teaser)
Pistolet mitrailleur	Fusil mitrailleur
Défense contre les aéronefs	Missile stratégique sol-sol
Ultra-violets	Gaz à effet de serre
Insecticide organochloré	Véhicules tout-terrain
Petit avion monoplace	Nota bene
Au plus vite	Water-closets (toilettes)
S'il-vous-plaît	Bonne action
Papier de toilette!	Taxe sur les produits et services
Taxe de vente du Québec	Note de l'auteur
Note de la rédaction	Ce qu'il fallait démontrer

Jouer en français! (Avril 1991)

Voici des jeux de mots sous forme d'énigmes. Allez, amusez-vous!

Des double-sens :

1. Comment un sot sensé avec un seau sans eau peut-il prendre un thé?
2. Un cygne se reconnaît-il à son nid particulier?
3. Avoir peur sans en avoir l'air, est-ce peu dire?
4. Une laie sans laisse peut-elle donner du lait-santé?
5. Quand la brise perd son air, peut-elle faire le nichoir?
6. Quand la brise perd son air (bis), embrasse-t-elle sans art? Et embarrasse-t-elle avec art?

Le français, une langue musicale :

Si docile la scie scie, l'ami Rémi Lamy-Doré fait la hutte, là!

De la soupe à l'alphabet «chiffré» :

DCDMAACDTVTIRKIÉÉK7ARVABDKC.ACMUÉÉBTRVACDOKC
KMÉMAALNOBTVATOHÉTIRAπRB7KIÉÉK7. MAAUDKC7AVOK

Des rébus rebutants :

1. nous/Soit dit/nous, <u>vent</u>
    <u>il a</u>
    sauté

2. Là <u>tout est sens</u> le ____ est
        tout est sens   est le

Jouer en français! (Suite et fin))

Solutions et explications :

Des double-sens :

1. Sot, s'écrit sans «c» (comme dans sceau) prend un «t» même si «seau» n'a pas d'«o».

2. «Cygne» se reconnaît à son «i» (faire la liaison) grec.

3. «Peur» sans l'«r», c'est dire «peu» bien sûr!

4. Non, une laie sans l'«s» (comme dans «les») donne du lait, mais avec «t».

5. Oui, quand la brise perd son «r», elle devient «bise», et une bise est assez forte pour faire le nid choir (faire choir le nid).

6. Oui, la bise embrasse (sans «ar»), et elle embarrasse avec «ar».

Le français, une langue musicale :

Si do si la si si la mi ré mi la mi do ré fa la ut la

De la soupe à l'alphabet «chiffré» :

Décédée, Emma a cédé TV, théière, cahiers et cassettes à Hervé, abbé des cassés. Assez ému et hébété, Hervé a cédé aux cassés qu'a aimés Emma, à Hélène Aubé : tv; à Théo Haché : théière; à Pierre Bessette : cahiers et cassettes. Emma a eu, des cassés, sept ave, au cas...

Des rébus rebutants :

1. Soit dit entre nous, il a souvent sursauté.
2. Là-bas, tout est sens dessus dessous, le haut est en bas, le bas est en haut.

Note : Besoin d'aspirine? J'en vends! C'est vraiment peu cher... peuchère!

DES FLEURS ET DES ÉPINES (Finale)

Les deux frères (Mars 2017)

Dis : pourquoi lui dort-il sur un tapis de fleurs
Alors que frérot doit dormir dans les ronces?
Pourquoi lui ne connaît-il rien des cris, des pleurs
Quand, dans le malheur, la misère, l'autre s'enfonce?

Qui voudrait d'une vie sans sous et sans sourires
Oui, qui opterait pour une vie misérable
D'enfant pataugeant dans une soue sans rires
Battu par un papa aussi saoul que minable?

Ah! Pouvoir choisir sa naissance et son destin!
Que du monde riche et heureux sur cette terre!
Que des gens invités à la vie, à son festin!
Que des enfants heureux et des bras qui les serrent!

Qui a dit que la vie est une loterie?
Qu'elle fait peu de gagnants, beaucoup de perdants
Qui a prêchi-prêché : «Si tu es pauvre, prie!
Tu éviteras l'enfer et son feu ardent?»

Toi, à qui la vie a fait une prise de soumission
Si tu te demandes ce que tu devrais faire :
Saute de ton lit «barbelés», pars en mission
Oui! Ils t'appartiennent les surplus de ton frère!

Le début de la fin (Inédit – Mars 2018)

Quand la vie commence, tu rêves d'atteindre ce seul but :
Devenir celui qui, vers la fin, rêvera de revenir au début

Comme «maman» fait-elle? (Mars 2017)

J'ai crié, hurlé, tempêté, tout à l'heure
Pour un rien, pour une chose mineure
Ce rien m'a fait l'âme d'un batailleur :
Je m'en suis pris durement à ma sœur
Maman m'a regardé d'un air grondeur

J'ai fait le dur, l'orgueilleux, le frondeur
Puis j'ai passé au stade destructeur
Fracassant un de ses bibelots de valeur
Puis lui lançant ces paroles crève-cœur :
«C'est toi, la source de tous mes malheurs!»

Oui, ce matin, je me suis levé de mal humeur
Maman, je t'en ai fait voir de toutes les couleurs!
Jusqu'à te «garrocher» ces horreurs...
Je t'ai déçue sur tout, j'en ai bien peur
Non, aujourd'hui je n'ai pas été à la hauteur

Ah! Comme je voudrais être ailleurs!
Je me suis calmé, mais suis resté boudeur
À la fin de la journée, maman m'a dit, toute douceur :
«Endors-toi, je suis là; et dors bien, mon cœur!
Demain, tu verras, sera une journée meilleure»

«Dans les petits pots de la vie, il y a des fleurs
Demain, pense à en offrir une à ta sœur
Je la connais, elle te pardonnera sans rancœur»
Mais rien sur mon ingratitude, sur moi, son «agresseur»!
J'étais déjà pardonné, moi, son enfant disputeur!
Comme «maman» fait-elle? C'est d'une grandeur!

Un enfant joue... (Inédit – Avril 2018)

Un enfant joue seul dans la cour
Du haut de la plus haute tour
Un petit mousse imaginaire
Scrute au loin les eaux et les airs
On l'a enjoint : dès qu'une terre
Est en vue, fais une prière :
Qu'elle soit accueillante, l'île
Grande, giboyeuse et fertile

Lui, qui n'est qu'un tout petit mousse
Il ne comprend pas qu'on le pousse
Dans l'univers réglé des grands
Où toute chose n'aurait qu'un rang
Son île à lui, elle est plutôt
Champ de bataille pour Lancelot
Des monstres laids, bêtes féroces
Y côtoient spectres blancs et rosses
Il lui faudra tous les pourfendre
À ce seul prix, l'île est à prendre
On dit qu'à vaincre sans péril
Toute victoire est inutile
Qu'alors, ce qu'on appelle vivre
Ne serait, au plus, que survivre!

Un enfant joue seul dans la cour
Du haut de la plus haute tour
Un petit mousse imaginaire
Scrute au loin les eaux et les airs
Sa mère le hèle à dîner
Là, pas question de badiner...

Cycles (Inédit – Mars 2018)

Rien ?
Un Big Bang cosmique
Un atome
Une molécule
Une roche
La Terre !
L'air et l'eau
Une amibe
Un microbe
Une algue
Un poisson
Un moustique
Un oiseau
Un dinosaure
Une explosion ?
Un mammifère
Un singe
Un homme
Une famille
Une société
Un ordinateur
Un réseau
Un Big Bang atomique ?
Plus rien ?

La complexité de la matière a créé la vie, la complexité de la vie a créé la pensée humaine ; l'union des pensées humaines devait amener la quintessence de la conscience, l'amour et le bonheur collectifs : elle a plutôt accouché de la bombe atomique, des guerres, du bordel climatique, de l'égocentrisme, de Facebook et de Twitter !

Les sphères (Inédit – Mars 2018)

La pyrosphère (feu)
L'hydrosphère (eau)
La lithosphère (pierre)
L'atmosphère (air)
La biosphère (vie)
La phytosphère (plante)
La zoosphère (animal)
L'anthroposphère (homme)
La noosphère (pensée collective des hommes)
La nonosphère : Conscience ou science des nonos, des cons?
Laisse faire...

Tourner en rond... Pi? (Inédit – Mars 2018)

Pi ou π est le rapport entre la circonférence
d'un cercle parfait et son diamètre; il est établi à :

3,141 592 653 589 793 238 462 643 383 279 502 884 197 169 399 375 105 820 974 944 592 307 816 406 286 208 998 628 034 825 342 117 067 982 148 086 513 282 306 647 093 844 609 550 582 231 725 359 408 128 481 117 450 284 102 70**1 938 (Hitler annexe la Tchécoslovaquie)** 521 105 559 644 622 948 954 930 38**1 964 (Début de la Beatlemania aux USA)** 428 810 975 665 933 446 128 475 648 233 786 783 165 271 201 909 145 648 566 923 460 348 610 454 326 648 213 393 607 260 249 141 273 724 587 006 606 315 588 174 881 520 920 962 829 254 091 715 364 367 892 590 360 011 330 530 548 820 466 521 384 146 951 941 511 609 433 057 270 365 759 591 953 092 186 117 381 932 61**1 793 (Louis XVI meurt guillotiné)** 105 118 548 074 462 379 962 749 567 351 885 752 724 891 227 938 183 011 949 129 833 673 362 440 656 643 086 021 394 946 395 224 737 190 702 179 860 943 702 770 539 217 176 293 176 752 384 674 818 467 669 405 13**2 000 (Bug de l'an 2000)** 568 127 **145 2 (Naissance de Léonard de Vinci)** 63 560 827 785 771 342 757 789 609 173 637 178 721 468 440 901 224 953 430 146 549 585 371 050 792 279 689 258 923 542 019 956 112 129 02**1 960 (John F. Kennedy devient président**

des USA) 864 034 418 159 813 629 774 771 309 960 518 707 211 349 999 998 372 978 049 951 059 731 732 816 096 318 595 024 459 455 346 908 302 642 522 308 253 344 685 035 261 931 188 171 010 003 137 838 752 886 587 533 208 3**81 4 (Mort de Charlemagne, roi de France)** 20 617 177 669 147 303 598 253 490 428 755 468 731 159 562 863 882 353 787 593 751 957 781 857 780 532 171 226 806 613 001 927 876 611 **195 9 (L'année de naissance de ma conjointe Monique)** 09 216 420 198 938 095 257 201 065 485 863 278 865 936 153 381 827 968 230 30**1 952 (Mon année de naissance)** 035 301 852 968 995 773 622 599 413 891 249 721 775 283 479 131 515 574 857 242 454 150 695 950 829 533 116 861 727 855 889 075 098 381 754 637 464 939 319 255 060 400 927 701 671 139 009 848 824 012 858 36**1 603 (Mort d'Élizabeth 1re, reine d'Angleterre)** 563 707 660 104 710 181 942 955 596 198 946 767 837 449 448 255 379 774 726 847 104 047 534 646 208 046 684 259 069 491 293 313 677 028 989 152 104 752 162 056 966 024 058 038 150 **193 5 (Naissance d'Elvis Presley)** 11 253 382 430 035 587 640 247 496 473 263 914 199 272 604 269 922 796 782 354 781 636 009 341 721 641 219 924 586 315 030 286 182 974 555 706 749 838 505 494 588 586 926 995 690 927 210 797 509 302 955 321 165 344 987 202 755 960 236 480 665 499 119 881 834 797 753 566 369 807 426 542 527 862 551 818 417 574 672 890 977 772 793 800 08**1 647 (Premier mariage célébré à Ville-Marie-Montréal)** 060 016 145 249 192 173 217 214 772 350 141 441 973 568 548 161 361 157 352 552 133 475 741 849 468 438 523 323 907 394 143 334 547 762 416 862 518 983 569 485 562 099 219 222 184 272 550 254 256 887 67**1 790 (Décès de Benjamin Franklin)** 494 601 653 466 804 988 627 232 791 786 085 784 383 827 967 976 681 454 100 953 883 786 360 950 680 064 225 125 205 117 392 984 896 084 128 488 626 945 604 241 965 285 022 210 661 186 306 744 278 622 039 194 945 047 123 713 786 960 956 364 37**1 917 (Victoire de la Révolution russe)** 287 467 764 657 573 962 413 890 865 832 645 995 813 390 478 027 590 …

Un milliard, un billion de décimales ne suffiraient pas à préciser définitivement ce nombre Pi… L'infini côtoyant la perfection… Tout l'Univers contenu dans un cercle, si petit soit-il!

Et l'Homme, lui, se prenant pour Dieu, s'amuse à faire des cercles son «**pi**» à la main! - **(Elle n'est pas de moi, mais je l'aime bien!)**

Apocalypse (Inédit – Avril 2018)

Des primates, fous, se croient les propriétaires
Du joyau unique qui s'appelle la Terre
Ils règnent en maîtres sur la faune et la flore
Tuant, assassinant quiconque le déplore

Ils auraient tout aussi bien pu en faire un havre
De cette Terre où chacun eût pu être heureux
Ils en ont fait une poubelle, un cimetière!
Ces despotes règnent sur le tas de cadavres
Que deviennent les êtres vivant avec eux
Un trou atomique leur servira de bière…
Pour faire d'un Grand Rêve un cauchemar, aux Hommes
Moins de vingt siècles auront donc suffi, en somme!

Et quand il n'y aura plus ni enfants, ni fleurs
Quand tout sera noyé dans une mer de pleurs
Le démon aura gagné son pari sur Dieu :
Pour voir l'ultime fleur qui se fane, plus d'yeux!

Regrets tardifs (Inédit – Avril 2018)

Oui, j'étais le plus riche et j'étais le plus fort
Pour le mal, le malheur, j'étais le plus célèbre
Puis vint l'inévitable mort
Ici, dans l'enfer des Ténèbres
Je ne suis plus qu'une dépouille
Nue, faible, pouilleuse gargouille
Sur la Terre, l'Histoire a retenu mon nom :
Fou, despote, voleur, criminel; quel renom!

Florilège de pensées (Inédit – Mars 2018)
Une pensée est aussi une fleur... qui n'a pas d'épines.

Si l'univers n'était pas en expansion,
nous ne serions pas là pour en parler.
– Hubert Reeves
(Astrophysicien, vulgarisateur et militant écologiste)

1. Il est hélas devenu évident aujourd'hui que notre technologie a dépassé notre humanité.
2. Nous aurons le destin que nous aurons mérité.

– Albert Einstein (Physicien théoricien)

Rien dans l'univers ne saurait résister à un nombre suffisamment grand d'intelligences groupées et organisées.
– Pierre Teilhard de Chardin
(Paléontologue, théologien et philosophe)

The love you take is equal to the love you make.
«On reçoit de l'amour en proportion de celui que l'on donne.»
– Les Beatles (Groupe musical)
(La dernière strophe de leur album *Abbey Road*)

Aimez, aimez, tout le reste n'est rien!
– Jean de La Fontaine (Fabuliste)

On ne voit bien qu'avec le cœur, l'essentiel est invisible pour les yeux.
– Antoine de Saint-Exupéry

Dans le moment présent réside le bonheur.
– Anonyme

Il vaut mieux être riche et en santé que pauvre et malade.
– Yvon Deschamps (Monologuiste humoriste)

Une société de compétition fabrique surtout des perdants;
je n'ai pas à être plus fort que l'autre,
je dois être plus fort que moi grâce à l'autre.
— **Albert Jacquard** (Biologiste, généticien et essayiste)

Celui qui n'est pas occupé à naître est occupé à mourir.
— **Bob Dylan** (Auteur-compositeur-interprète et poète)

1. Le plus lourd fardeau, c'est d'exister sans vivre.
2. La vie est une fleur. L'amour en est le miel.
— **Victor Hugo** (Poète et romancier)

La vie est une œuvre que l'on crée à chaque instant.
— **Lao She** (Philosophe)

Vivre, c'est la chose la plus rare au monde;
la plupart des gens existent, c'est tout.
— **Oscar Wilde** (Écrivain)

Entre la vie et la mort, il n'y a qu'un pas;
entre la tristesse et le bonheur, il y a une route infinie.
— **Michel Linh**

La tristesse est un mur élevé entre deux jardins.
— **Khalil Gibran** (Poète)

La vie n'est qu'un long rêve dont la mort nous réveille.
— **Sully Prud'homme** (Poète)

L'espace d'une vie est le même,
qu'on le passe en chantant ou en pleurant.
— **Proverbe japonais**

1. Il y a eu beaucoup de tristesse dans ma drôle de vie.
2. Si Dieu (ou Allah ou Yahvé) existait, il serait infiniment horrifié de tout le mal que l'homme a fait en son nom.

— **Moi**

«Dernière» finale? (Inédit – Juin 2018)

Permettez-moi, amis lecteurs et amies lectrices
de clore ce «triple bouquet» de «fleurs et d'épines» ainsi :

Comme on dit :
Il fait beau et il pleut
Sur Terre
Moi, je dis :
Il vit et il meurt
Il rit et il pleure
Dans l'Univers

C'est «leurre»? (Inédit – Avril 2018)

Quand arrive l'heure
S'en vont : l'homme sage
Le fou sans honneur
Chevalier et page
Roi, prince et valets
Costaud, gringalet
Génie et butor
Le faible et le fort   ↗
Le gueux, le tribun
L'ennemi, l'apôtre...
Les abus des uns
Les espoirs des autres
Partis en fumée
Finis! Consumés
Quand arrive l'heure
Car la vie? Qu'un leurre...

Si tu vois Dieu… (Inédit – Septembre 2018)

Si tu vois Dieu
Sur ton chemin
Dis-lui bien
Que demain
S'il ne fait rien
Il ne restera plus rien
De son dessein…
Mais quel était-il au juste ce dessein ?

VIVRE

SOUFF  RIRE

MOURIR